Sur les cimes du désespoir

Paru dans Le Livre de Poche :

CIORAN

Sur les cimes du désespoir

TEXTE TRADUIT PAR ANDRÉ VORNIC
REVU PAR CHRISTIANE FRÉMONT

L'HERNE

Titre original :
Pe culmile Disperări
Bucarest, 1934.

Préface

J'ai écrit ce livre en 1933 à l'âge de vingt-deux ans dans une ville que j'aimais, Sibiu, en Transylvanie. J'avais terminé mes études et, pour tromper mes parents, mais aussi pour me tromper moi-même, je fis semblant de travailler à une thèse. Je dois avouer que le jargon philosophique flattait ma vanité et me faisait mépriser quiconque usait du langage normal. A tout cela un bouleversement intérieur vint mettre un terme et ruiner par là même tous mes projets.

Le phénomène capital, le désastre par excellence est la veille ininterrompue, ce néant sans trêve. Pendant des heures et des heures je me promenais la nuit dans des rues vides ou, parfois, dans celles que hantaient des solitaires professionnelles, compagnes idéales dans les instants de suprême désarroi. L'insomnie est une lucidité vertigineuse qui convertirait le paradis en un lieu de torture. Tout est préférable à cet éveil permanent, à cette absence criminelle de l'oubli. C'est pendant ces nuits infernales que j'ai compris l'inanité de la philosophie. Les heures de veille sont au fond un interminable rejet de la pensée par la pensée, c'est la conscience exaspérée par elle-même, une déclaration de guerre, un ultimatum infernal de l'esprit à lui-même. La marche, elle, vous empêche de tourner et retourner des interrogations sans réponse, alors qu'au lit on remâche l'insoluble jusqu'au vertige.

Voilà dans quel état d'esprit j'ai conçu ce livre, qui a été pour moi une sorte de libération, d'explosion salutaire. Si je ne l'avais pas écrit, j'aurais sûrement mis un terme à mes nuits.

ÊTRE LYRIQUE

Pourquoi ne pouvons-nous demeurer enfermés en nous ? Pourquoi poursuivons-nous l'expression et la forme, cherchant à nous vider de tout contenu, à organiser un processus chaotique et rebelle ? Ne serait-il pas plus fécond de nous abandonner à notre fluidité intérieure, sans souci d'objectivation, nous bornant à jouir de tous nos bouillonnements, de toutes nos agitations intimes ? Des vécus multiples et différenciés fusionneraient ainsi pour engendrer une effervescence des plus fécondes, semblable à un raz de marée ou un paroxysme musical. Être plein de soi, non dans le sens de l'orgueil, mais de la richesse, être travaillé par une infinité intérieure et une tension extrême, cela signifie vivre intensément, jusqu'à se sentir mourir de vivre. Si rare est ce sentiment, et si étrange, que nous devrions le vivre avec des cris. Je sens que je devrais mourir de vivre et me demande s'il y a un sens à en rechercher l'explication. Lorsque le passé de l'âme palpite en vous dans une tension infinie, lorsqu'une présence totale actualise des expériences enfouies, qu'un rythme perd son équilibre et son uniformité, alors la mort vous arrache des cimes de la vie, sans qu'on éprouve devant elle cette terreur qui en accompagne la douloureuse obsession. Sentiment analogue à celui des amants lorsque, au comble du bonheur, surgit devant eux, fugitivement mais intensément, l'image de la mort, ou lorsque, aux moments d'incertitude, émerge, dans un amour naissant, la prémonition de la fin ou de l'abandon.

Trop rares sont ceux qui peuvent subir de telles expériences jusqu'au bout. Il est toujours dangereux de contenir une énergie explosive, car le moment peut venir où l'on n'aura plus la force de la maîtriser. L'effondrement alors naîtra d'un trop-plein. Il existe des états et des obsessions avec lesquels on ne saurait vivre. Le salut ne consiste-t-il pas dès lors à les avouer ? Gardées dans la conscience, l'expérience terrible et l'obsession terrifiante de la mort mènent à la ruine. En parlant de la mort on a sauvé quelque chose de soi-même, et pourtant dans l'être quelque chose s'est éteint. Le lyrisme représente un élan de dispersion de la subjectivité, car il indique, dans l'individu, une effervescence incoercible qui prétend sans cesse à l'expression. Ce besoin d'extériorisation est d'autant plus urgent que le lyrisme est intérieur, profond et concentré. Pourquoi l'homme devient-il lyrique dans la souffrance et dans l'amour ? Parce que ces deux états, bien que différents par leur nature et leur orientation, surgissent du tréfonds de l'être, du centre substantiel de la subjectivité, en quelque manière. On devient lyrique dès lors que la vie à l'intérieur de soi palpite à un rythme essentiel. Ce que nous avons d'unique et de spécifique s'accomplit dans une forme si expressive que l'individuel s'élève au plan de l'universel. Les expériences subjectives les plus profondes sont aussi les plus universelles en ce qu'elles rejoignent le fond originel de la vie. La véritable intériorisation mène à une universalité inaccessible à ceux qui en restent à l'inessentiel et pour qui le lyrisme demeure un phénomène inférieur, produit d'une inconsistance spirituelle, alors que les ressources lyriques de la subjectivité témoignent, en réalité, d'une fraîcheur et d'une profondeur intérieures des plus remarquables.

Certains ne deviennent lyriques que dans les moments décisifs de leur existence ; pour d'autres, ce n'est qu'à l'instant de l'agonie, où tout le passé s'actualise et déferle sur eux comme un torrent. Mais, dans la majorité des cas, l'explosion lyrique surgit à la suite d'expériences essentielles, lorsque l'agitation du fond intime de l'être atteint au paroxysme. Ainsi, une fois prisonniers de l'amour, des esprits enclins à l'objectivité et à l'impersonnalité, étrangers à eux-mêmes comme aux réalités profondes, éprouvent un sentiment qui mobilise toutes leurs ressources personnelles. Le fait qu'à peu d'exceptions près tous les hommes fassent de la poésie lorsqu'ils sont amoureux montre bien que la pensée conceptuelle ne suffit pas à exprimer l'infinité intérieure ; seule une matière fluide et irrationnelle est capable d'offrir au lyrisme une objectivation appropriée. Ignorant de ce qu'on cache en soi-même comme de ce que cache le monde, on est subitement saisi par l'expérience de la souffrance et transporté dans une région infiniment compliquée, d'une vertigineuse subjectivité. Le lyrisme de la souffrance accomplit une purification intérieure où les plaies ne sont plus de simples manifestations externes sans implications profondes, mais participent à la substance même de l'être. Il est un chant du sang, de la chair et des nerfs. Aussi presque toutes les maladies ont-elles des vertus lyriques. Seuls ceux qui se maintiennent dans une insensibilité scandaleuse demeurent impersonnels face à la maladie, toujours source d'un approfondissement intérieur.

On ne devient vraiment lyrique qu'à la suite d'un profond trouble organique. Le lyrisme accidentel est issu de déterminants extérieurs et disparaît avec eux. Pas de lyrisme sans un grain de folie intérieure. Fait significatif, les psychoses se caractérisent, à leur début, par une phase lyrique où les barrières et les obstacles s'effondrent pour faire place à une ivresse intérieure des plus fécondes. Ainsi s'explique la productivité poétique des psychoses naissantes. La folie : un paroxysme du lyrisme ? Bornons-nous donc à écrire son éloge pour éviter de récrire celui de la folie. L'état lyrique est au-delà des formes et des systèmes : une fluidité, un écoulement intérieurs mêlent en un même élan, comme en une convergence idéale, tous les éléments de la vie de l'esprit pour créer un rythme intense et parfait. Comparé au raffinement d'une culture ankylosée qui, prisonnière des cadres et des formes, déguise toutes choses, le lyrisme est une expression barbare : sa véritable valeur consiste, précisément, à n'être que sang, sincérité et flammes.

COMME TOUT EST LOIN !

J'ignore totalement pourquoi il faut faire quelque chose ici-bas, pourquoi il nous faut avoir des amis et des aspirations, des espoirs et des rêves. Ne serait-il pas mille fois préférable de se retirer à l'écart du monde, loin de tout ce qui fait son tumulte et ses complications ? Nous renoncerions ainsi à la culture et aux ambitions, nous perdrions tout sans rien obtenir en échange. Mais que peut-on obtenir en ce monde ? Pour certains, nul gain ne compte, car ils sont irrémédiablement malheureux et seuls. Nous sommes tous si fermés les uns aux autres ! Même ouverts jusqu'à tout recevoir d'autrui ou lire dans les profondeurs de son âme, dans quelle mesure serions-nous capables d'éclairer son destin ? Seuls dans la vie, nous nous demandons si la solitude de l'agonie n'est pas le symbole même de l'existence humaine. Lamentable faiblesse que de vouloir vivre et mourir en société : y a-t-il une consolation possible à la dernière heure ? Il est bien préférable de mourir seul et abandonné, sans affectation ni faux-semblants. Je n'éprouve que dégoût pour ceux qui, à l'agonie, se maîtrisent et s'imposent des attitudes destinées à faire impression. Les larmes ne sont chaudes que dans la solitude. Tous ceux qui veulent s'entourer d'amis à l'heure de la mort le font par peur et incapacité d'affronter leur instant suprême. Ils cherchent, au moment essentiel, à oublier leur propre mort. Que ne s'arment-ils d'héroïsme, que ne verrouillent-ils leur porte pour subir ces sensations redoutables avec une lucidité et une frayeur sans limites ?

Isolés, séparés, tout nous est inaccessible. La mort la plus profonde, la vraie mort, c'est la mort par solitude, lorsque la lumière même devient principe de mort. De tels moments vous séparent de la vie, de l'amour, des sourires, des amis — et même de la mort. On se demande alors s'il existe autre chose que le néant du monde et le sien propre.

NE PLUS POUVOIR VIVRE

Il est des expériences auxquelles on ne peut survivre. Des expériences à l'issue desquelles on sent que plus rien ne saurait avoir un sens. Après avoir atteint les limites de la vie, après avoir vécu avec exaspération tout le potentiel de ces dangereux confins, les actes et les gestes quotidiens perdent tout charme, toute séduction. Si l'on continue cependant à vivre, ce n'est que par la grâce de l'écriture, qui en l'objectivant, soulage cette tension sans bornes. La création est une préservation temporaire des griffes de la mort.

Je me sens sur le point d'exploser de tout ce que m'offrent la vie et la perspective de la mort. Je me sens mourir de solitude, d'amour, de haine et de toutes les choses de ce monde. Tout ce qui m'arrive semble faire de moi un ballon prêt à éclater. Dans ces moments extrêmes s'accomplit en moi une conversion au Rien. On se dilate intérieurement jusqu'à la folie, au-delà de toutes frontières, en marge de la lumière, là où celle-ci est arrachée à la nuit, vers un trop-plein d'où un tourbillon sauvage vous projette tout droit dans le néant. La vie crée la plénitude et le vide, l'exubérance et la dépression ; que sommes-nous devant le vertige qui nous consume jusqu'à l'absurde ? Je sens la vie craquer en moi sous l'excès d'intensité, mais aussi de déséquilibre, comme une explosion indomptable capable de faire sauter irrémédiablement l'individu lui-même. Aux extrémités de la vie, nous sentons que celle-ci nous échappe ; que la subjectivité n'est qu'une illusion ; et qu'en nous-mêmes bouillonnent des forces incontrôlables, brisant tout rythme défini. Qu'est-ce qui, alors, ne donne pas occasion de mourir ? On meurt de tout ce qui est comme de tout ce qui n'est pas. Tout vécu devient, dès lors, un saut dans le néant. Même sans avoir fait le tour complet de toutes les expériences, il suffit d'en avoir épuisé l'essentiel. Dès lors qu'on se sent mourir de solitude, de désespoir ou d'amour, les autres émotions ne font que prolonger ce sombre cortège. La sensation de ne plus pouvoir vivre après de tels vertiges résulte également d'une consomption purement intérieure. Les flammes de la vie brûlent dans un fourneau d'où la chaleur ne peut s'échapper. Ceux qui vivent sans souci de l'essentiel sont sauvés dès le départ ; mais qu'ont-ils donc à sauver, eux qui ne connaissent pas le moindre danger ? Le paroxysme des sensations, l'excès d'intériorité nous portent vers une région éminemment dangereuse, puisqu'une existence qui prend une conscience trop vive de ses racines ne peut que se nier elle-même. La vie est bien trop limitée, trop morcelée, pour résister aux grandes tensions. Tous les mystiques n'eurent-ils pas, après de grandes extases, le sentiment de ne plus pouvoir vivre ? Que peuvent donc encore attendre de ce monde ceux qui se sentent au-delà de la normalité, de la vie, de la solitude, du désespoir et de la mort ?

LA PASSION DE L'ABSURDE

Rien ne saurait justifier le fait de vivre. Peut-on encore, étant allé au bout de soi-même, invoquer des arguments, des causes, des effets ou des considérations morales ? Certes, non : il ne reste alors pour vivre que des raisons dénuées de fondement. Au comble du désespoir, seule la passion de l'absurde pare encore le chaos d'un éclat démoniaque. Lorsque tous les idéaux courants, fussent-ils d'ordre moral, esthétique, religieux, social ou autre, ne parviennent pas à imprimer à la vie direction et finalité, comment préserver encore celle-ci du néant ? On ne peut y arriver qu'en s'attachant à l'absurde et à l'inutilité absolue, à ce rien foncièrement inconsistant, mais dont la fiction est à même de créer l'illusion de la vie.

Je vis parce que les montagnes ne savent pas rire, ni les vers de terre chanter. La passion de l'absurde naît seulement chez l'individu en qui tout a été purgé, mais susceptible de subir d'effroyables transfigurations futures. A celui qui a tout perdu, seule reste cette passion. Quels charmes pourraient désormais le séduire ? Certains ne manqueront pas de répondre : le sacrifice au nom de l'humanité ou du bien public, le culte du beau, etc. Je n'aime que ceux des hommes qui ont achevé d'éprouver, ne fût-ce que provisoirement, tout cela. Ils sont les seuls à avoir vécu de manière absolue, les seuls habilités à parler de la vie. Si l'on peut retrouver amour et sérénité, c'est au moyen de l'héroïsme, non de l'inconscience. Toute existence qui ne recèle pas une grande folie reste dépourvue de valeur. En quoi une telle existence se distinguerait-elle de celle d'une pierre, d'un bout de bois ou d'une mauvaise herbe ? Je l'affirme en toute honnêteté, il faut être porteur d'une grande folie pour *vouloir* devenir pierre, bout de bois ou mauvaise herbe.

MESURE DE LA SOUFFRANCE

Il en est qui sont condamnés à ne savourer que le poison des choses, pour qui toute surprise est douloureuse et toute expérience une nouvelle torture. Cette souffrance, dira-t-on, a des raisons subjectives et procède d'une constitution particulière : mais existe-t-il un critère objectif pour apprécier la souffrance ? Qui donc pourrait certifier que mon voisin souffre plus que moi-même, ou bien que le Christ a souffert plus que quiconque ? La souffrance n'est pas appréciable objectivement, car elle ne se mesure pas à une atteinte extérieure ou à un trouble précis de l'organisme, mais à la manière dont la conscience la reflète et la ressent. Or, de ce point de vue, toute hiérarchisation devient impossible. Chacun gardera sa propre souffrance, qu'il croit absolue et sans limites. Même si nous devions évoquer toutes celles de ce monde, les agonies les plus terribles et les supplices les plus élaborés, les morts les plus atroces et le plus douloureux des abandons, tous les pestiférés, les brûlés vifs et les victimes lentes de la faim, la nôtre en serait-elle soulagée d'autant ? Nul ne saurait trouver de consolation, au moment de l'agonie, à la simple pensée que tous les hommes sont mortels, de même que, souffrant, l'on ne saurait trouver de soulagement dans la souffrance présente ou passée des autres. En ce monde organiquement déficient et fragmentaire, l'individu tend à élever sa propre existence au rang d'absolu : ainsi, chacun vit comme s'il était le centre de l'univers ou de l'histoire. S'efforcer de comprendre la souffrance d'autrui ne diminue pas pour autant la sienne propre. En pareil cas, les comparaisons n'ont aucun sens, puisque la souffrance est un état de solitude intérieure que rien d'extérieur ne peut soulager. Pouvoir souffrir seul est un grand avantage. Qu'arriverait-il si le visage humain exprimait fidèlement toute la souffrance du dedans, si tout le supplice intérieur passait dans l'expression ? Pourrions-nous encore converser ? Pourrions-nous encore échanger des paroles autrement qu'en nous cachant le visage dans les mains ? La vie serait décidément impossible si l'intensité de nos sentiments pouvait se lire sur nos traits.

Plus personne n'oserait alors se regarder dans une glace, car une image à la fois grotesque et tragique mêlerait aux contours de la physionomie des taches de sang, des plaies toujours béantes et des ruisseaux de larmes irrépressibles. J'éprouverais une volupté pleine de terreur à observer, au sein de l'harmonie confortable et superficielle de tous les jours, l'éclatement d'un volcan crachant des flammes brûlantes comme le désespoir. Observer la moindre plaie de notre être s'ouvrir irrémédiablement pour nous transformer tout entiers en une sanglante éruption ! Alors seulement prendrions-nous conscience des avantages de la solitude, qui rend la souffrance muette et inaccessible. Dans le jaillissement du volcan de notre être, le venin accumulé en nous ne suffirait-il pas à empoisonner le monde entier ?

L'IRRUPTION DE L'ESPRIT

La solitude véritable nous isole complètement entre ciel et terre, car là se révèle tout le drame de la finitude. Les promenades solitaires — à la fois extrêmement fécondes et dangereuses pour la vie intérieure — doivent être faites sans que rien ne vienne troubler l'isolement de l'homme en ce monde, le soir, à l'heure où aucune des distractions habituelles ne peut plus susciter d'intérêt, où notre vision du monde émane de la région la plus profonde de l'esprit, de la zone de séparation d'avec la vie et sa blessure. Que de solitude nous faut-il pour accéder à l'esprit ? Que de mort nous faut-il dans la vie, et que de feu intérieur ! La solitude nie à ce point la vie que l'épanouissement de l'esprit, né de déchirements intérieurs, en devient presque insupportable. N'est-il pas significatif que les hommes qui s'insurgent contre lui soient précisément ceux qui en ont trop, ceux qui connaissent la gravité de la maladie ayant affecté la vie pour engendrer l'esprit ? Seuls les bien-portants en font l'apologie, eux qui n'ont jamais éprouvé les tourments de la vie ni les antinomies sur lesquelles se fonde l'existence. Ceux qui sentent réellement le poids de leur esprit le tolèrent, eux, orgueilleusement, ou le présentent comme une calamité. Nul, cependant, n'est ravi au fond de lui-même de cette acquisition catastrophique pour la vie. Comment serait-on, en effet, charmé par cette vie dénuée d'attrait, de naïveté et de spontanéité ? La présence de l'esprit indique toujours un manque de vie, beaucoup de solitude et une souffrance prolongée. Qui parlait donc du salut par l'esprit ? Il est faux que le vivre immanent soit un vivre anxieux dont l'homme se serait libéré par l'esprit. Il est bien plus exact, au contraire, que l'esprit nous a valu déséquilibre et anxiété, mais aussi une certaine grandeur. C'est une marque d'inconscience que de faire l'apologie de l'esprit, comme c'en est une de déséquilibre que de faire celle de la vie. Pour un homme normal, la vie est une évidence ; seul le malade s'y vautre en la glorifiant pour éviter de s'effondrer. Mais qu'en est-il de celui qui ne peut plus glorifier la vie ni l'esprit ?

MOI ET LE MONDE

Le fait que j'existe prouve que le monde n'a pas de sens. Quel sens pourrais-je trouver, en effet, dans les supplices d'un homme infiniment tourmenté et malheureux, pour qui tout se réduit en dernière instance au néant et pour qui la souffrance fait la loi de ce monde ? Que le monde ait permis l'existence d'un humain tel que moi montre que les taches sur le soleil de la vie sont si vastes qu'elles finiront par en cacher la lumière. La bestialité de la vie m'a piétiné et écrasé, elle m'a coupé les ailes en plein vol et refusé les joies auxquelles j'eusse pu prétendre. Mon zèle démesuré, l'énergie folle que j'ai déployée pour briller ici-bas, l'envoûtement démoniaque que j'ai subi pour revêtir une auréole future, et toutes mes forces gaspillées en vue d'un redressement vital ou d'une aurore intérieure —

tout cela s'est révélé plus faible que l'irrationalité de ce monde, qui a déversé en moi toutes ses ressources de négativité empoisonnée. La vie ne résiste guère à haute température. Aussi ai-je compris que les hommes les plus tourmentés, dont la dynamique intérieure atteint au paroxysme et qui ne peuvent s'accommoder de la tiédeur habituelle, sont voués à l'effondrement. On retrouve, dans le désarroi de ceux qui habitent des régions insolites, l'aspect démoniaque de la vie, mais aussi son insignifiance, ce qui explique qu'elle soit le privilège des médiocres. Seuls ces derniers vivent à une température normale ; les autres, un feu dévorant les consume. Je ne puis rien apporter au monde, car ma démarche est unique : celle de l'agonie. Vous vous plaignez que les hommes soient mauvais, vindicatifs, ingrats ou hypocrites ? Je vous propose, quant à moi, la méthode de l'agonie, qui vous permettra d'échapper temporairement à tous ces défauts. Appliquez-la donc à chaque génération — les effets se manifesteront aussitôt. Ainsi me rendrai-je peut-être, moi aussi, utile à l'humanité !

Par le fouet, le feu ou le poison, faites donc éprouver à chaque agonisant l'expérience des derniers moments, afin qu'il connaisse, dans un atroce supplice, la grande purification qu'est la vision de la mort. Laissez-le ensuite partir, courir terrorisé jusqu'à ce qu'il tombe d'épuisement. Le résultat sera, n'en doutez pas, plus brillant que celui qu'on obtiendrait par les voies habituelles. Que ne puis-je mener le monde entier à l'agonie pour purger la vie à sa racine ! J'y placerais des flammes brûlantes et tenaces, non pour la détruire, mais pour lui communiquer une sève et une chaleur différentes. Le feu que je mettrais au monde n'entraînerait point sa ruine, mais bel et bien une transfiguration cosmique, essentielle. Aussi la vie s'accoutumerait-elle à une haute température, et cesserait d'être un nid de médiocrité. Qui sait si la mort même ne cesserait, au sein de ce rêve, d'être immanente à la vie ?

(Écrit en ce jour du 8 avril 1933, mon vingt-deuxième anniversaire. J'éprouve une étrange sensation à la pensée d'être, à mon âge, un spécialiste du problème de la mort.)

ÉPUISEMENT ET AGONIE

Connaissez-vous cette atroce sensation de fondre, de perdre toute vigueur pour s'écouler tel un ruisseau, de sentir son être s'annuler dans une étrange liquéfaction, et comme vidé de toute substance ? Je fais allusion ici à une sensation non pas vague et indéterminée, mais précise et douloureuse. Ne plus sentir que sa tête, coupée du corps et isolée de manière hallucinatoire ! Loin de l'épuisement vague et voluptueux qu'on ressent en contemplant la mer ou en se laissant aller à des rêveries mélancoliques, il s'agit là d'un épuisement qui vous consume et vous détruit. Aucun effort, aucune espérance, aucune illusion ne vous séduira plus désormais. Demeurer abasourdi par sa propre catastrophe, incapable de penser ou d'agir, écrasé par des ténèbres glaciales, désorienté comme sous l'emprise de quelque hallucination nocturne ou abandonné comme dans les moments de remords, c'est atteindre la limite négative de la vie, la température extrême qui anéantira la toute dernière illusion. Dans ce sentiment d'épuisement se révélera le sens véritable de l'agonie : loin d'être un combat chimérique, elle donne l'image de la vie se débattant dans les griffes de la mort, avec très peu de chances de l'emporter. L'agonie comme combat ? Un combat contre qui et pour quoi ? Il serait faux d'interpréter l'agonie comme un élan exalté par sa propre inutilité, ou comme un tourment portant sa finalité en lui-même. Fondamentalement, agoniser signifie subir le supplice à la frontière entre la vie et la mort. La mort étant immanente à la vie, celle-ci devient, dans sa quasi-totalité, une agonie. Quant à moi, je ne qualifie d'instants d'agonie que les phases les plus dramatiques de cette lutte entre la vie et la mort, où l'on vit cette dernière sur un mode conscient et douloureux. L'agonie véritable vous fait rejoindre le néant par la mort ; la sensation d'épuisement vous consume alors immédiatement et la mort remporte la victoire. On retrouve, dans toute vraie agonie, ce triomphe de la mort, même si, une fois passés les instants d'épuisement, l'on continue de vivre.

Où est, dans ce supplice, le combat chimérique ? L'agonie n'a-t-elle pas, en tout état de cause, un caractère définitif ? Ne ressemble-t-elle pas à quelque maladie incurable qui nous tourmente par intermittence ? Les instants d'agonie indiquent une progression de la mort aux dépens de la vie, un drame de la conscience issu de la rupture d'équilibre entre la vie et la mort. Ils ne surviennent qu'en pleine sensation d'épuisement, lorsque la vie a atteint son niveau le plus bas. La fréquence de ces instants est un indice de décomposition et d'effondrement. La mort est la seule obsession qui ne puisse devenir voluptueuse ; même lorsqu'on la désire, ce désir s'accompagne d'un regret implicite. Je veux mourir, mais je regrette de le vouloir : voilà ce que ressentent tous ceux qui s'abandonnent au néant. *Le sentiment le plus pervers de tous est celui de la mort*. Et dire qu'il est des gens que l'obsession perverse de la mort empêche de dormir ! Comme j'aimerais perdre toute conscience de moi-même et de ce monde !

LE GROTESQUE ET LE DÉSESPOIR

De toutes les formes du grotesque, la plus étrange, la plus compliquée me semble celle qui plonge ses racines dans le désespoir. Les autres ne visent qu'un paroxysme de seconde main. Or, y a-t-il paroxysme plus profond, plus organique, que celui du désespoir ? Le grotesque apparaît lorsqu'une carence vitale engendre de grands tourments. Car ne lit-on pas un penchant effréné à la négativité dans la mutilation bestiale et paradoxale qui déforme les traits du visage pour leur imprimer une étrange expressivité, dans ce regard peuplé d'ombres et de lumières lointaines ? Intense et irrémédiable, le désespoir ne s'objective que dans l'expression du grotesque. Celui-ci représente, en effet, la négation absolue de la sérénité — cet état de pureté, de transparence et de lucidité aux antipodes du désespoir, qui n'engendre, lui, que néant et chaos.

Avez-vous jamais éprouvé la monstrueuse satisfaction de vous regarder dans une glace après d'innombrables nuits blanches ? Avez-vous subi la torture des insomnies où l'on ressent chaque instant de la nuit, où l'on est seul au monde et qu'on se sent vivre le drame essentiel de l'histoire ; ces instants où même celle-ci n'a plus la moindre signification et cesse d'exister, car vous sentez s'élever en vous d'effroyables flammes, et votre propre existence vous apparaît comme unique dans un monde né pour vous voir agoniser — avez-vous éprouvé ces innombrables instants, infinis telle la souffrance, où le miroir vous renvoie l'image même du grotesque ? Il s'y reflète une tension dernière, à laquelle s'associe une pâleur au charme démoniaque — la pâleur de celui qui vient de traverser le gouffre des ténèbres. Cette image grotesque ne surgit-elle pas, en effet, comme l'expression d'un désespoir aux allures de gouffre ? N'évoque-t-elle pas le vertige abyssal des grandes profondeurs, l'appel d'un infini béant prêt à nous engloutir et auquel nous nous soumettons comme à une fatalité ? Comme il serait doux de pouvoir mourir en se jetant dans un vide absolu ! La complexité du grotesque réside dans sa capacité d'exprimer un infini intérieur, ainsi qu'un paroxysme extrême. Comment celui-ci pourrait-il donc l'objectiver en des contours clairs et nets ? Le grotesque nie essentiellement le classique, de même qu'il nie toute idée d'harmonie ou de perfection stylistique.

Que le grotesque cache le plus souvent des tragédies qui ne s'expriment pas directement, c'est là une évidence pour qui saisit les formes multiples du drame intime. Quiconque a aperçu son visage dans son hypostase grotesque ne pourra plus jamais se regarder, car il aura toujours peur de soi-même. Au désespoir succède une inquiétude pleine de tourments. Que fait donc le grotesque, sinon actualiser et intensifier la peur et l'inquiétude ?

LE PRESSENTIMENT DE LA FOLIE

Jamais les hommes ne comprendront pourquoi certains d'entre eux sont voués à la folie, pourquoi cette fatalité inexorable qu'est l'entrée dans le chaos, où la lucidité ne peut durer plus que l'éclair. Les pages les plus inspirées, celles qui dégagent un lyrisme absolu, où l'on est livré à une exaltation, à une ivresse totale de l'être, on ne peut les écrire que sous une tension telle que tout retour à l'équilibre est illusoire. De cet état, l'on ne peut sortir indemne : le ressort intime de l'être est brisé, les barrières intérieures s'effondrent. Le pressentiment de la folie ne surviennent qu'à la suite d'expériences capitales. On croirait avoir atteint des hauteurs vertigineuses, où l'on chancelle, où l'on perd l'équilibre et la perception normale du concret et de l'immédiat. Un grand poids semble presser le cerveau comme pour le réduire à une simple illusion, et c'est pourtant là l'une des rares sensations qui nous révèlent, justement, l'effroyable réalité organique où nos expériences prennent leur source. Sous cette pression, qui cherche à nous cogner contre terre ou à nous faire sauter, surgit la peur, dont les composantes sont difficiles à définir. Il ne s'agit pas de la peur de la mort, qui s'empare de l'homme pour le dominer jusqu'à l'étouffement ; ce n'est pas une peur qui s'insinuerait dans le rythme de notre être pour paralyser en nous le processus de la vie — c'est une peur traversée d'éclairs peu fréquents, mais intenses, comme un trouble subit qui élimine à jamais toute possibilité d'un équilibre futur. Il est impossible de cerner cet étrange pressentiment de la folie. Son côté terrifiant vient de ce que nous y apercevons une dissipation totale, une perte irrémédiable pour notre vie. Tout en continuant à respirer et à me nourrir, j'ai perdu tout ce que j'ai jamais pu ajouter à mes fonctions biologiques. Ce n'est là qu'une mort approximative. La folie nous fait perdre notre spécificité, tout ce qui nous individualise dans l'univers, notre perspective propre, le tour particulier de notre esprit. La mort aussi nous fait tout perdre, à ceci près que la perte résulte d'une projection dans le néant. Ainsi, bien que persistante et essentielle, la peur de la mort est moins étrange que la peur de la folie, où notre semi-présence est un facteur d'inquiétude bien plus complexe que la frayeur organique de l'absence totale éprouvée devant le néant. La folie ne serait-elle donc pas un moyen d'échapper aux misères de

25

la vie ? Cette question ne se justifie que sur un plan théorique, car, dans la pratique, celui qui souffre de certaines anxiétés considère le problème sous un jour — ou plutôt sous une ombre — tout autre. Le pressentiment de la folie se double de la peur de la lucidité dans la folie, la peur des moments de retour à soi, où l'intuition du désastre risque d'engendrer une folie encore plus grande. C'est pourquoi il n'y a pas de salut par la folie. On aimerait le chaos, mais on a peur de ses lumières.

Toute forme de folie est tributaire du tempérament et de la condition organiques. Comme la majorité des fous se recrute parmi les dépressifs, la forme dépressive est fatalement plus répandue que l'exaltation gaie et débordante. La mélancolie noire est si fréquente chez eux qu'ils ont presque tous des tendances suicidaires. Le suicide — quelle solution difficile tant qu'on n'est pas fou !

J'aimerais perdre la raison à une seule condition : avoir la certitude de devenir un fou gai et enjoué, sans problèmes ni obsessions, hilare du matin au soir. Bien que je désire ardemment des extases lumineuses, je n'en voudrais pourtant pas, car elles sont toujours suivies de dépressions. Je voudrais, par contre, qu'un bain de lumière jaillisse de moi pour transfigurer l'univers — un bain qui, loin de la tension de l'extase, garderait le calme d'une éternité lumineuse. Il aurait la légèreté de la grâce et la chaleur d'un sourire. Je voudrais que le monde entier flotte dans ce rêve de clarté, dans cet enchantement de transparence et d'immatérialité. Qu'il n'y ait plus obstacle ni matière, forme ou confins. Et que, dans ce paradis, je meure de lumière.

SUR LA MORT

Certains problèmes, une fois approfondis, vous isolent dans la vie, vous anéantissent même : alors on n'a plus rien à perdre, ni rien à gagner. L'aventure spirituelle ou l'élan indéfini vers les formes multiples de la vie, la tentation d'une réalité inaccessible ne sont que simples manifestations d'une sensibilité exubérante, dénuée du sérieux qui caractérise celui qui aborde des questions vertigineuses. Il ne s'agit pas ici de la gravité superficielle de ceux qu'on dit sérieux, mais d'une tension dont la folie exacerbée vous élève, à tout moment, au plan de l'éternité. Vivre dans l'histoire perd alors toute signification, car l'instant est ressenti si intensément que le temps s'efface devant l'éternité. Certains problèmes purement formels, si difficiles soient-ils, n'exigent nullement un sérieux infini, puisque, loin de surgir des profondeurs de notre être, ils sont uniquement les produits des incertitudes de l'intelligence. Seul le penseur organique est capable de ce type de sérieux, dans la mesure où pour lui les vérités émanent d'un supplice intérieur plus que d'une spéculation gratuite. A celui qui pense pour le plaisir de penser s'oppose celui qui pense sous l'effet d'un déséquilibre vital. J'aime la pensée qui garde une saveur de sang et de chair, et je préfère mille fois à l'abstraction vide une réflexion issue d'un transport sensuel ou d'un effondrement nerveux. Les hommes n'ont pas encore compris que le temps des engouements superficiels est révolu, et qu'un cri de désespoir est bien plus révélateur que la plus subtile des arguties, qu'une larme a toujours des sources plus profondes qu'un sourire. Pourquoi refusons-nous d'accepter la valeur exclusive des vérités vivantes, issues de nous-mêmes ? L'on ne comprend la mort qu'en ressentant la vie comme une agonie prolongée, où vie et mort se mélangent.

Les bien-portants n'ont ni l'expérience de l'agonie, ni la sensation de la mort. Leur vie se déroule comme si elle avait un caractère définitif. C'est le propre des gens normaux que de considérer la mort comme surgissant de l'extérieur, et non comme une fatalité inhérente à l'être. L'une des plus grandes illusions consiste à oublier que la vie est captive de la mort. Les révélations d'ordre métaphysique commencent seulement lorsque l'équilibre superficiel de l'homme se met à chanceler et que la spontanéité naïve fait place à un tourment profond.

Le fait que la sensation de la mort n'apparaisse que lorsque la vie est secouée dans ses profondeurs prouve, de toute évidence, l'immanence de la mort dans la vie. L'examen des profondeurs de celle-ci montre à quel point est illusoire la croyance à une pureté vitale, et combien est fondée la conviction que le caractère démoniaque de la vie comporte un substrat métaphysique.

La mort étant immanente à la vie, pourquoi la conscience de la mort rend-elle impossible le fait de vivre ? Le vivre normal de l'homme n'est point troublé, car le processus d'entrée dans la mort survient innocemment par une baisse de l'intensité vitale. Pour ce type humain, seule existe l'agonie dernière, non l'agonie durable, liée aux prémices du vital. Profondément, chaque pas dans la vie est un pas dans la mort, et le souvenir un rappel du néant. Dépourvu de sens métaphysique, l'homme ordinaire n'a pas conscience d'une entrée progressive dans la mort, bien qu'il n'échappe pas plus que les autres à un destin inexorable. Lorsque la conscience s'est détachée de la vie, la révélation de la mort est si intense qu'elle détruit toute naïveté, tout élan de joie et toute volupté naturelle. Il y a une perversion, une déchéance inégalée dans la conscience de la mort. La naïve poésie de la vie et ses charmes apparaissent alors vides de tout contenu, de même que les thèses finalistes et les illusions théologiques.

Avoir la conscience d'une longue agonie, c'est arracher l'expérience individuelle à son cadre naïf pour en démasquer la nullité et l'insignifiance, s'attaquer aux racines irrationnelles de la vie elle-même. Voir la mort s'étendre, la voir détruire un arbre et s'insinuer dans le rêve, faner une fleur ou une civilisation, vous porte au-delà des larmes et des regrets, au-delà de toute forme ou catégorie. Qui n'a jamais eu le sentiment de cette terrible agonie où la mort s'élève en vous pour vous envahir tel un afflux de sang, telle une force incontrôlable qui vous étouffe ou vous étrangle, provoquant d'hor-rifiques hallucinations, celui-là ignore le caractère démoniaque de la vie et les effervescences inté-rieures créatrices de grandes transfigurations. Seule cette sombre ivresse peut faire comprendre pour-quoi nous désirons si ardemment la fin de ce monde. Ce n'est point l'ivresse lumineuse de l'ex-tase où, conquis par des visions paradisiaques, on s'élève vers une sphère de pureté où le vital se sublime pour devenir immatériel : un supplice fou, périlleux et destructeur caractérise cette ivresse, où la mort surgit parée des charmes cauchemardesques des yeux de serpent. De telles sensations, de telles visions vous lient à l'essence du réel : alors les illusions de la vie et de la mort laissent tomber le masque. Une agonie exaltée mêlera, dans un terrible vertige, la vie à la mort, tandis qu'un satanisme bestial empruntera des larmes à la volupté. La vie comme agonie prolongée et chemin vers la mort n'est rien qu'une version supplémentaire de la dialectique démoniaque qui la fait accoucher de formes qu'elle détruit. La multiplicité des formes vitales engendre une folle dynamique où seul se reconnaît le démonisme du devenir et de la destruction. L'irrationalité de la vie se manifeste dans ce débordement de formes et de contenus, dans cette frénétique tentation de renouveler les aspects usés. Une sorte de bonheur pourrait échoir à qui s'abandonnerait à ce devenir, s'employant, au-delà de toute problématique torturante, à goûter toutes les potentialités de l'instant, sans la perpétuelle confrontation révélatrice d'une relativité insurmontable. L'expérience de la naïveté est la seule planche de salut. Mais pour ceux qui ressentent la vie comme une longue agonie, la question du salut n'est rien de plus qu'une question.

La révélation de l'immanence de la mort s'accomplit généralement par la maladie et les états dépressifs. Il existe d'autres voies, mais strictement accidentelles et individuelles : leur capacité de révélation est bien moindre.

Si les maladies ont une mission philosophique, ce ne peut être que de montrer combien fragile est le rêve d'une vie accomplie. La maladie rend la mort toujours présente ; les souffrances nous relient à des réalités métaphysiques, qu'un homme normal et en bonne santé ne comprendra jamais. Les jeunes parlent de la mort comme d'un événement extérieur ; une fois frappés de plein fouet par la maladie, ils perdront, cependant, toutes les illusions de la jeunesse. Il est certain que les seules expériences authentiques sont celles qui naissent de la maladie. Toutes les autres portent fatalement une marque livresque, car un équilibre organique n'autorise que des états suggérés, dont la complexité procède d'une imagination exaltée. Seuls les vrais souffrants sont capables d'un sérieux authentique. Les autres sont prêts à renoncer, au fond d'eux-mêmes, aux révélations métaphysiques issues du désespoir et de l'agonie pour un amour naïf ou une voluptueuse inconscience.

Toute maladie relève de l'héroïsme — un héroïsme de la résistance et non de la conquête, qui se manifeste par la volonté de se maintenir sur les positions perdues de la vie. Irrémédiablement perdues, ces positions le sont autant pour ceux que la maladie affecte de manière organique, que pour ceux dont les états dépressifs sont si fréquents qu'ils déterminent le caractère constitutif de l'individu. On explique ainsi pourquoi les interprétations courantes ne trouvent aucune justification profonde à la peur de la mort manifestée par certains dépressifs. Comment se fait-il qu'au milieu d'une vitalité parfois débordante apparaisse la peur de la mort, ou, du moins, le problème qu'elle pose ? A cette question, il faut chercher une réponse dans la structure même des états dépressifs : là, lorsque le fossé qui nous sépare du monde va s'agrandissant, l'homme se penche sur soi et découvre la mort dans sa propre subjectivité. Un processus d'intériorisation perce alors, l'une après l'autre, toutes les formes sociales qui enveloppent le noyau de la subjectivité. Une fois le noyau dépassé, progressive et paroxystique, l'intériorisation révèle une région où vie et mort sont indissociablement liées.

Chez le dépressif, le sentiment de l'immanence de la mort s'ajoute à la dépression pour créer un climat d'inquiétude constante d'où la paix et l'équilibre sont à jamais bannis.

L'irruption de la mort dans la structure même de la vie introduit implicitement le néant dans l'élaboration de l'être. De même que la mort est inconcevable sans le néant, de même la vie est inconcevable sans un principe de négativité. L'implication du néant dans l'idée de la mort se lit dans la peur qu'on en a, qui n'est autre que l'appréhension du Rien. L'immanence de la mort marque le triomphe définitif du néant sur la vie, prouvant ainsi que la mort n'est là que pour actualiser progressivement le chemin vers le néant.

Le dénouement de cette immense tragédie qu'est la vie — celle de l'homme en particulier — montrera combien la foi en l'éternité de la vie est illusoire ; mais aussi que le sentiment naïf de l'éternité constitue l'unique possibilité d'apaisement pour l'homme historique.

Tout se réduit, en fait, à la peur de la mort. Là où nous voyons une diversité des formes de la peur, il ne s'agit que des différents aspects d'une même réaction devant une réalité fondamentale. Les appréhensions individuelles se rattachent toutes, par d'obscures correspondances, à cette peur essentielle. Ceux qui tentent de s'en défaire au moyen de raisonnements artificiels se fourvoient, car il est rigoureusement impossible d'annuler une appréhension organique par des constructions abstraites. Tout individu qui pose sérieusement le problème de la mort ne saurait échapper à la peur. C'est encore celle-ci qui guide les adeptes de la croyance à l'immortalité. L'homme fait un douloureux effort pour sauver — même en l'absence de certitude — le monde des valeurs au milieu desquelles il vit et auxquelles il a contribué, tentative pour vaincre le néant de la dimension temporelle afin de réaliser l'universel. Devant la mort, en dehors de toute foi religieuse, il ne subsiste rien de ce que le monde croit avoir créé pour l'éternité. Les formes et les catégories abstraites se révèlent alors insignifiantes, tandis que leur prétention à l'universalité devient illusoire au regard d'un processus d'anéantissement irrémédiable. Jamais forme ni catégorie ne pourront saisir l'existence dans sa structure essentielle, pas plus qu'elles ne pourront comprendre le sens profond de la vie et de la mort. Que pourraient donc leur opposer l'idéalisme ou le rationalisme ? Rien. Quant aux autres conceptions ou doctrines, elles ne nous apprennent *presque* rien sur la mort. La seule attitude pertinente serait le silence ou un cri de désespoir.

Ceux qui prétendent que la peur de la mort n'a pas de justification profonde dans la mesure où la mort ne peut coexister avec le moi, ce dernier disparaissant en même temps que l'individu — ceux-là oublient l'étrange phénomène qu'est l'agonie progressive.

En effet, quel soulagement la distinction artificielle entre le moi et la mort pourrait-elle apporter à celui qui ressent la mort avec une réelle intensité ? Quel sens une subtilité logique ou une argumentation peuvent-elles avoir pour l'individu en proie à l'obsession de l'irrémédiable ? Toute tentative d'envisager les problèmes existentiels sous l'angle de la logique est vouée à l'échec. Les philosophes sont bien trop orgueilleux pour avouer leur peur de la mort, et trop prétentieux pour reconnaître à la maladie une fécondité spirituelle. Il y a une sérénité feinte dans leurs considérations sur la mort : ce sont eux, en réalité, qui tremblent le plus. Mais n'oublions pas que la philosophie est l'art de masquer ses tourments et ses supplices.

Le sentiment de l'irréparable qui accompagne toujours la conscience et la sensation de l'agonie peut faire comprendre, tout au plus, un acquiescement douloureux mêlé de peur, mais en aucun cas un amour ou une sympathie quelconques pour le phénomène de la mort. L'art de mourir ne s'apprend pas, car il ne comporte aucune règle, aucune technique, aucune norme. L'individu ressent dans son être même le caractère irrémédiable de l'agonie, au milieu de souffrances et de tensions sans limites. La plupart des gens n'ont pas conscience de la lente agonie qui se produit en eux ; ils ne connaissent que celle qui précède le passage définitif vers le néant. Seule cette agonie dernière présente, pensent-ils, d'importantes révélations sur l'existence. Au lieu de saisir la signification d'une agonie lente et révélatrice, ils espèrent tout de la fin. Mais la fin ne leur révélera pas grand-chose : ils s'éteindront tout aussi perplexes qu'ils auront vécu.

Que l'agonie se déroule dans le temps prouve que la temporalité n'est pas seulement la condition de la création — elle est aussi celle de la mort, de ce phénomène dramatique qu'est le mourir. Nous retrouvons ici le caractère démoniaque du temps, qui entoure aussi bien la naissance que la mort, la création que la destruction, sans qu'on perçoive cependant au sein de cet engrenage aucune convergence vers une transcendance.

Le démonisme du temps favorise le sentiment de l'irrémédiable, qui s'impose à nous tous en contrariant nos tendances les plus intimes. Être persuadé de ne pouvoir échapper à un sort amer, être soumis à la fatalité, avoir la certitude que le temps s'acharnera toujours à actualiser le tragique processus de la destruction — voilà des expressions de l'Implacable. Le néant ne constituerait-il pas, en ce cas, le salut ? Mais quel salut dans le rien ? Quasi impossible dans l'existence, comment se réaliserait-il en dehors d'elle ?

Or, puisqu'il n'y a de salut ni dans l'existence, ni dans le néant, que crèvent donc ce monde et ses lois éternelles !

LA MÉLANCOLIE

Tout état d'âme tend à s'adapter à un extérieur correspondant à son genre, ou bien à le transformer en fonction de sa propre nature. Tout état essentiel et profond enveloppe en effet une correspondance intime entre les plans subjectif et objectif. Il serait absurde de concevoir un enthousiasme débridé dans un milieu plat et fermé ; au cas où cela se produirait malgré tout, ce serait dû à une plénitude excessive, de nature à subjectiver le milieu tout entier. Les yeux de l'homme voient à l'extérieur ce qui est, en fait, une torture intérieure. Cela résulte d'une projection subjective, sans laquelle les états d'âme et les expériences intenses ne peuvent trouver leur accomplissement. L'extase n'est jamais un phénomène purement interne — elle transpose à l'extérieur l'ivresse lumineuse du dedans. Il suffit de regarder le visage d'un extatique pour comprendre tout de sa tension spirituelle.

Pourquoi la mélancolie demande-t-elle un infini extérieur ? Parce que sa structure comporte une dilatation, un vide, auxquels on ne saurait fixer de frontières. Le dépassement des limites peut se réaliser de manière positive ou négative. L'enthousiasme, l'exubérance, la colère, etc. — ce sont là des états d'épanchement, dont l'intensité brise toute barrière et rompt l'équilibre habituel. Élan positif de la vie, qui résulte d'un supplément de vitalité et d'une expansion organique. Lorsque la vie se trouve au-delà de ses déterminants normaux, ce n'est pas pour se nier elle-même, mais pour libérer des énergies latentes, qui risqueraient d'exploser. Tout état extrême est un dérivé de la vie, par le biais duquel celle-ci se défend contre elle-même. Quant au dépassement des limites issu des états négatifs, il prend un tout autre sens : il ne procède pas de la plénitude, mais, au contraire, d'un vide aux abords indéfinissables, et ce d'autant plus que le vide paraît surgir des profondeurs de l'être pour s'étendre progressivement comme une gangrène. Processus de diminution plutôt que de croissance ; à l'opposé de l'épanouissement dans l'existence, il constitue un retour vers le néant.

La sensation du vide et de la proximité du Rien — sensation présente dans la mélancolie — a une origine plus profonde encore : une fatigue caractéristique des états négatifs.

La fatigue sépare l'homme du monde et de toutes choses. Le rythme intense de la vie ralentit, les pulsations organiques et l'activité intérieure perdent de cette tension qui particularise la vie dans le monde et qui en fait un moment immanent de l'existence. La fatigue représente le premier déterminant organique du savoir, car elle engendre les conditions indispensables d'une différenciation de l'homme dans le monde ; à travers elle, on rejoint cette perspective singulière qui place le monde devant l'homme. La fatigue vous fait vivre au-dessous de l'altitude habituelle de la vie et ne vous concède qu'un pressentiment des tensions vitales. La source de la mélancolie se trouve, par conséquent, dans une région où la vie est chancelante et problématique. Ainsi explique-t-on sa fertilité pour le savoir et sa stérilité pour la vie.

Si dans les expériences courantes domine l'intimité naïve avec les aspects individuels de l'existence, la séparation d'avec eux engendre, dans la mélancolie, un sentiment vague du monde, avec la sensation du vague de ce monde. Une expérience secrète, une étrange vision annulent les formes consistantes et les carcans individuels et différenciés, pour un habit d'une transparence immatérielle et universelle. Le détachement progressif de tout ce qui est concret et individualisé vous élève à une vision totale, qui gagne en étendue ce qu'elle perd en précision. Il n'est pas d'état mélancolique sans cette ascension, sans une expansion vers les cimes, sans une élévation au-dessus du monde. Loin de celle qui anime l'orgueil ou le mépris, le désespoir ou le penchant effréné pour la négativité, cette ascension est issue d'une longue réflexion et d'une rêverie diffuse nées de la fatigue. S'il pousse à l'homme des ailes dans la mélancolie, ce n'est pas pour jouir du monde, mais pour être seul. Quel sens la solitude prend-elle dans la mélancolie ? N'est-elle pas liée au sentiment de l'infini, intérieur comme extérieur ? Le regard mélancolique reste inexpressif tant qu'il est conçu sans la perspective de l'illimité. L'illimité et le vague intérieurs, qu'il ne faut pas assimiler à l'infinité féconde de l'amour, réclament impérieusement une étendue dont les bornes soient insaisissables. La mélancolie comporte un état vague, sans aucune intention déterminée. Les expériences courantes ont besoin, quant à elles, d'objets palpables et de formes cristallisées. Le contact avec la vie se fait, en ce cas, à travers l'individuel ; c'est un contact étroit et sûr.

Le détachement de l'existence et l'abandon de soi à l'illimité élèvent l'homme pour l'arracher à son cadre naturel. La perspective de l'infini le laisse seul au monde. Plus la conscience de l'infinité du monde est aiguë, plus le sentiment de sa propre finitude s'intensifie. Si, dans certains états, cette conscience déprime et torture, elle devient, dans la mélancolie, bien moins douloureuse grâce à une sublimation qui rend la solitude et l'abandon moins pesants, et leur confère même, parfois, un caractère voluptueux.

La disproportion entre l'infinité du monde et la finitude de l'homme est un motif sérieux de désespoir ; lorsqu'on la considère, toutefois, dans une perspective onirique — comme dans les états mélancoliques — elle cesse d'être torturante, car le monde revêt une beauté étrange et maladive. Le sens profond de la solitude implique une suspension de l'homme dans la vie — un homme tourmenté, dans son isolement, par la pensée de la mort. Vivre seul signifie ne plus rien solliciter, ne plus rien espérer de la vie. La mort est la seule surprise de la solitude. Les grands solitaires ne se retirèrent jamais pour se préparer à la vie, mais, au contraire, pour attendre, résignés, le dénouement. On ne saurait ramener, des déserts et des grottes, un message pour la vie. Ne condamne-t-elle pas, en effet, toutes les religions qui ont trouvé là leur source ? N'y a-t-il point, dans les illuminations et les transfigurations des grands solitaires, une vision de la fin et de l'effondrement, opposée à toute idée d'auréole et d'éclat ?

La signification de la solitude des mélancoliques, bien moins profonde, va jusqu'à prendre, en certains cas, un caractère esthétique. Ne parle-t-on pas de mélancolie douce et voluptueuse ? L'attitude mélancolique elle-même, de par sa passivité et son détachement, n'est-elle pas teintée d'esthétisme ?

L'attitude de l'esthète face à la vie se caractérise par une passivité contemplative qui jouit du réel au gré de la subjectivité, sans normes ni critères, et qui fait du monde un spectacle auquel l'homme assiste passivement. La conception « spectaculaire » de la vie élimine le tragique et les antinomies immanentes à l'existence, qui, une fois reconnues et ressenties, vous font rejoindre, dans un douloureux vertige, le drame du monde. L'expérience du tragique suppose une tension inconcevable pour un amateur, car notre être s'y implique totalement et décisivement, au point que chaque instant devient un destin, non plus une impression. Présente dans tout état esthétique, la rêverie ne constitue pas l'élément central du tragique. Or, ce qu'il y a d'esthétique dans la mélancolie se manifeste, précisément, dans la tendance à la rêverie, à la passivité et à l'enchantement voluptueux. Ses aspects multiformes nous empêchent, cependant, d'assimiler intégralement la mélancolie à un état esthétique. N'est-elle pas plus que fréquente sous sa forme noire ?

Mais qu'est-ce, tout d'abord, que la mélancolie douce ? Qui ne connaît l'étrange sensation de plaisir des après-midi d'été, lorsqu'on s'abandonne à ses sens hors de toute problématique définie et que le sentiment d'une éternité sereine procure à l'âme un apaisement des plus inhabituels ? Il semble que tous les soucis de ce monde et les incertitudes spirituelles sont alors réduits au silence, comme devant un spectacle d'une exceptionnelle beauté, dont les charmes rendraient tout problème inutile. Au-delà de l'agitation, du trouble et de l'effervescence, une disposition tranquille goûte, avec une volupté retenue, toute la splendeur du cadre. Parmi les éléments essentiels des états mélancoliques figure le calme, l'absence d'une intensité particulière. Le regret, partie intégrante de la mélancolie, explique, lui aussi, cette absence d'intensité spécifique. Si le regret, parfois, persiste, il n'a jamais, en revanche, suffisamment d'intensité pour provoquer une souffrance profonde. L'actualisation de certains événements ou tendances passés, l'addition à notre affectivité présente d'éléments désormais inactifs, la relation de la tonalité affective des sensations et du milieu où celles-ci naquirent pour le quitter ensuite — tout cela est essentiellement déterminé par la mélancolie. Le regret exprime sur un plan affectif un phénomène profond : l'avancée dans la mort par le fait de vivre. Je regrette ce qui est mort en moi, la partie morte de moi-même. Je n'actualise que le fantôme de réalités et d'expériences révolues, mais cela suffit à montrer l'importance de la partie défunte. Le regret révèle la signification démoniaque du temps qui, par le biais des transformations qu'il suscite en nous, entraîne implicitement notre anéantissement.

Le regret rend l'homme mélancolique sans le paralyser, sans faire échec à ses aspirations, car la conscience de l'irréparable qu'il suppose ne s'applique qu'au passé, l'avenir demeurant, d'une certaine manière, ouvert. La mélancolie n'est pas un état de gravité rigoureuse, issu d'une affection organique, car elle n'a rien de la terrible sensation d'irréparable qui couvre l'existence tout entière et qu'on retrouve dans certains cas de tristesse profonde. La mélancolie, même la plus noire, est plutôt une humeur temporaire qu'un état constitutif ; celle-ci n'exclut jamais totalement la rêverie, et ne permet donc pas d'assimiler la mélancolie à une maladie. Formellement, la mélancolie douce et voluptueuse et la mélancolie noire présentent des aspects identiques : vide intérieur, infini extérieur, flou des sensations, rêverie, sublimation, etc. La distinction n'apparaît évidente qu'eu égard à la tonalité affective de la vision. Il se peut que la multipolarité de la mélancolie tienne à la structure de la subjectivité plutôt qu'à sa nature. L'état mélancolique revêtirait alors, étant donné son flou, des formes diverses suivant les individus. Dépourvu d'intensité dramatique, cet état varie et oscille plus que n'importe quel autre. Ses vertus étant plus poétiques qu'actives, il a comme une grâce retenue (ce pour quoi il est plus fréquent chez les femmes) qu'on ne saurait retrouver dans la tristesse profonde.

Cette grâce apparaît également dans les paysages à coloration mélancolique. La large perspective du paysage hollandais ou de celui de la Renaissance, avec ses éternités d'ombre et de lumière, avec ses vallées dont l'ondoiement symbolise l'infini et ses rayons de soleil qui confèrent au monde un caractère d'immatérialité, les aspirations et les regrets des personnages esquissant un sourire de compréhension et de bienveillance — cette perspective reflète une grâce légère et mélancolique. Dans un tel cadre, l'homme semble dire, résigné et plein de regret : « Que voulez-vous ? C'est tout ce que nous avons. » Au bout de toute mélancolie, se lève la possibilité d'une consolation ou d'une résignation.

Les éléments esthétiques de la mélancolie enveloppent les virtualités d'une harmonie future que n'offre pas la tristesse organique. Celle-ci aboutit nécessairement à l'irréparable, tandis que la mélancolie s'ouvre sur le rêve et la grâce.

RIEN N'A D'IMPORTANCE

Qu'importe que je me tourmente, que je souffre ou que je pense ? Ma présence au monde ne fera qu'ébranler, à mon grand regret, quelques existences tranquilles et troubler — à mon regret encore plus grand — la douce inconscience de quelques autres. Bien que je ressente ma propre tragédie comme la plus grave de l'histoire — plus grave encore que la chute des empires ou je ne sais quel éboulement au fond d'une mine — j'ai le sentiment implicite de ma nullité et de mon insignifiance. Je suis persuadé de n'être rien dans l'univers, mais je sens que mon existence est la seule réelle. Bien plus, si je devais choisir entre l'existence du monde et la mienne propre, j'éliminerais volontiers la première avec toutes ses lumières et ses lois pour planer tout seul dans le néant. Bien que la vie me soit un supplice, je ne puis y renoncer, car je ne crois pas à l'absolu des valeurs au nom desquelles je me sacrifierais. Pour être sincère, je devrais dire que je ne sais pas pourquoi je vis, ni pourquoi je ne cesse pas de vivre. La clé réside, probablement, dans l'irrationalité de la vie, qui fait que celle-ci se maintient sans raison. Et s'il n'y avait que des raisons absurdes pour vivre ? Le monde ne mérite pas qu'on se sacrifie pour une idée ou une croyance. Sommes-nous plus heureux aujourd'hui parce que d'autres l'ont fait pour notre bien ? Quel bien ? Si quelqu'un s'est vraiment sacrifié pour que je sois plus heureux à présent, je suis, en vérité, encore plus malheureux que lui, car je n'entends pas bâtir mon existence sur un cimetière. Il y a des moments où je me sens responsable de toute la misère de l'histoire, où je ne comprends pas pourquoi certains ont versé leur sang pour nous. La suprême ironie consisterait à s'apercevoir que ceux-là furent plus heureux que nous aujourd'hui. Peste soit de l'histoire ! Plus rien ne devrait m'intéresser ; le problème de la mort lui-même devrait me paraître ridicule ; la souffrance — stérile et limitée ; l'enthousiasme — impur ; la vie — rationnelle ; la dialectique de la vie — logique et non plus démoniaque ; le désespoir — mineur et partiel ; l'éternité — un mot creux ; l'expérience du néant — une illusion ; la fatalité — une blague... Si l'on y pense sérieusement, à quoi tout cela sert-il ? Pourquoi se poser des questions, essayer d'éclairer ou accepter des ombres ? Ne ferais-je pas mieux d'enterrer mes larmes dans le sable au bord de la mer, dans une solitude absolue ? Mais je n'ai jamais pleuré, car les larmes se sont transformées en pensées aussi amères que les larmes.

EXTASE

J'ignore quel sens peut avoir, dans un esprit sceptique pour lequel ce monde est un monde où rien n'est jamais résolu, l'extase, la plus révélatrice et la plus riche, la plus complexe et la plus périlleuse, l'extase des fondations ultimes de la vie. Ce type d'extase ne vous fait gagner ni une certitude explicite ni un savoir défini, mais le sentiment d'une participation essentielle y est si intense qu'il déborde toutes les limites et les catégories de la connaissance habituelle. C'est comme si, en ce monde d'obstacles, de misère et de torture, une porte s'était ouverte sur le noyau même de l'existence et que nous puissions le saisir dans la plus simple, la plus essentielle des visions et le plus magnifique des transports métaphysiques. On croirait alors voir fondre une couche superficielle faite d'existence et de formes individuelles, pour déboucher sur les régions les plus profondes. Le véritable sentiment métaphysique de l'existence est-il possible sans l'élimination de cette couche superficielle ? Seule une existence purgée de ses éléments contingents est de nature à permettre l'accès à une zone essentielle. Le sentiment métaphysique de l'existence est d'ordre extatique, et toute métaphysique plonge ses racines dans une forme particulière d'extase. On a tort de n'en admettre que la variante religieuse. Il existe, en fait, une multiplicité de formes qui, dépendant d'une configuration spirituelle spécifique ou d'un tempérament, ne mènent pas nécessairement à la transcendance. Pourquoi n'y aurait-il pas une extase de l'existence pure, des racines immanentes de la vie ? Ne s'accomplit-elle pas dans un approfondissement qui déchire les voiles superficiels pour permettre l'accès au noyau du monde ? Pouvoir toucher les racines de ce monde, réaliser l'ivresse suprême, l'expérience de l'originel et du primordial, c'est éprouver un sentiment métaphysique issu de l'extase des éléments essentiels de l'être. L'extase comme exaltation dans l'immanence, incandescence, vision de la folie de ce monde — voici donc une base pour la métaphysique — valable même pour les derniers instants, pour les moments de la fin... L'extase véritable est périlleuse ; elle ressemble à la dernière phase de l'initiation des mystères égyptiens, où la parole : « Osiris est une divinité noire » remplaçait la connaissance explicite et définitive. En d'autres termes, l'absolu demeure, en tant que tel, inaccessible. Je ne vois dans l'extase des racines dernières qu'une forme de folie, non de connaissance. Cette expérience ne se peut que dans la solitude, qui vous donne l'impression de planer au-dessus de ce monde. Or, la solitude n'est-elle pas un terrain propice à la folie ? N'est-il pas caractéristique que la folie puisse se produire dans l'individu le plus sceptique ? La folie de l'extase ne se révèle-t-elle pas pleinement par la présence de la plus étrange des certitudes et de la vision la plus essentielle sur fond de doute et de désespoir ?

Nul ne saurait, en fait, connaître l'état extatique sans l'expérience préalable du désespoir, car l'un comme l'autre comportent des purifications qui, quoique différentes par leur contenu, sont d'égale importance.

Les racines de la métaphysique sont tout aussi compliquées que celles de l'existence.

UN MONDE OÙ RIEN N'EST RÉSOLU

Reste-t-il, sur cette terre, rien qui échappe au doute, à l'exception de la mort — la seule chose qui soit sûre en ce monde ? Continuer à vivre en doutant de tout — voilà un paradoxe qui n'est pas des plus tragiques, puisque le doute est bien moins intense, bien moins éprouvant que le désespoir. Le plus fréquent est le doute abstrait, où ne s'implique qu'une partie de l'être, contrairement au désespoir, où la participation est organique et totale. Un certain dilettantisme, quelque chose de superficiel caractérisent le scepticisme à l'égard du désespoir, ce phénomène si étrange et si complexe. J'ai beau douter de tout et opposer au monde un sourire de mépris, cela ne m'empêchera pas de manger, de dormir tranquillement ou de me marier. Dans le désespoir, dont on ne saisit la profondeur qu'en le vivant, ces actes ne sont possibles qu'au prix d'efforts et de souffrances. Sur les cimes du désespoir, nul n'a plus droit au sommeil. Ainsi, un désespéré authentique n'oublie jamais rien de sa tragédie : sa conscience préserve la douloureuse actualité de sa misère subjective. Le doute est une inquiétude liée aux problèmes et aux choses, et procède du caractère insoluble de toute grande question. Si les problèmes essentiels pouvaient être résolus, le sceptique reviendrait à un état normal. Quelle différence avec la situation du désespéré, que la résolution de tous les problèmes ne rendrait pas moins inquiet, car son inquiétude sourd de la structure même de son être. Dans le désespoir, l'anxiété est immanente à l'existence. Ce ne sont point alors des problèmes, mais des convulsions et des flammes intérieures qui torturent. L'on peut regretter que rien ne soit résolu ici-bas ; nul ne s'est cependant jamais suicidé pour autant, l'inquiétude philosophique n'influe que peu sur l'inquiétude totale de notre être. Je préfère mille fois une existence dramatique, tracassée par son destin et soumise au supplice des flammes les plus brûlantes, à celle de l'homme abstrait, tourmenté par des questions non moins abstraites et qui ne l'affectent qu'en surface. Je méprise l'absence du risque, de la folie et de la passion. Combien féconde en revanche est une pensée vive et passionnée, irriguée par le lyrisme ! Combien dramatique et intéressant le processus par lequel des esprits d'abord tourmentés par des problèmes purement intellectuels et impersonnels, des esprits objectifs jusqu'à l'oubli de soi, sont, une fois surpris par la maladie et la souffrance, fatalement amenés à réfléchir sur leur subjectivité, et sur les expériences à affronter ! Les objectifs et les actifs ne trouvent pas en eux-mêmes suffisamment de ressources pour faire de leur destin un problème. Pour que celui-ci devienne subjectif et universel à la fois, il faut descendre, une par une, toutes les marches d'un enfer intérieur. Tant qu'on n'est pas réduit en cendres, on peut faire de la philosophie lyrique — une philosophie où l'idée a des racines aussi profondes que la poésie. On accède alors à une forme supérieure d'existence, où le monde et ses problèmes inextricables ne méritent même plus le mépris. Ce n'est point affaire d'excellence ni de valeur particulière de l'individu ; il se trouve, tout simplement, que rien, en dehors de votre agonie personnelle, ne vous intéresse plus désormais.

CONTRADICTIONS ET INCONSÉQUENCES

Le souci du système et de l'unité n'a été ni ne sera jamais le lot de ceux qui écrivent aux moments d'inspiration, où la pensée est une expression organique obéissant aux caprices des nerfs. Une parfaite unité, la recherche d'un système cohérent indiquent une vie personnelle pauvre en ressources, une vie schématique et fade d'où sont absents la contradiction, la gratuité, le paradoxe. Seules les contradictions essentielles et les antinomies intérieures témoignent d'une vie spirituelle féconde, car seules elles fournissent au flux et à l'abondance internes une possibilité d'accomplissement. Ceux qui n'ont que peu d'états d'âme et ignorent l'expérience des confins ne peuvent se contredire, puisque leurs tendances réduites ne sauraient s'opposer. Ceux qui, au contraire, ressentent intensément la haine, le désespoir, le chaos, le néant ou l'amour, que chaque expérience consume et précipite vers la mort ; ceux qui ne peuvent respirer en dehors des cimes et qui sont toujours seuls, à plus forte raison lorsqu'ils sont entourés — comment pourraient-ils suivre une évolution linéaire ou se cristalliser en système ? Tout ce qui est forme, système, catégorie, plan ou schéma procède d'un déficit des contenus, d'une carence en énergie intérieure, d'une stérilité de la vie spirituelle. Les grandes tensions de celle-ci aboutissent au chaos, à une exaltation voisine de la démence. Il n'est pas de vie spirituelle féconde qui ne connaisse les états chaotiques et effervescents de la maladie à son paroxysme, lorsque l'inspiration apparaît comme une condition essentielle de la création, et les contradictions comme des manifestations de la température intérieure. Quiconque désapprouve les états chaotiques n'est pas un créateur, quiconque méprise les états maladifs n'est pas qualifié pour parler de l'esprit. Seul vaut ce qui surgit de l'inspiration, du fond irrationnel de notre être, ce qui jaillit du point central de notre subjectivité. Tout produit exclusif de l'acharnement et du travail est dépourvu de valeur, comme tout produit exclusif de l'intelligence est stérile et inintéressant. En revanche, me ravit le spectacle de l'élan barbare et spontané de l'inspiration, l'effervescence des états d'âme, du lyrisme essentiel et de tout ce qui est tension intérieure — toutes choses qui font de l'inspiration la seule réalité vivante dans l'ordre de la création.

SUR LA TRISTESSE

Si la mélancolie est un état de rêverie diffuse qui n'aboutit jamais à une profondeur ni à une concentration intenses, la tristesse présente, au contraire, un sérieux replié sur lui-même et une intériorisation douloureuse. On peut être triste n'importe où ; mais, alors que les espaces ouverts privilégient la mélancolie, les espaces fermés augmentent, quant à eux, la tristesse. En celle-ci, la concentration vient du fait qu'elle a presque toujours une raison précise, tandis que, dans la mélancolie, on ne peut assigner aucun déterminant extérieur à la conscience. Je sais pourquoi je suis triste, mais je ne saurais dire pourquoi je suis mélancolique. Les états mélancoliques s'étirent dans le temps sans jamais gagner une intensité particulière. Ni la tristesse ni la mélancolie n'explosent jamais, aucune n'atteignant l'individu au point d'ébranler les fondations de son être. On parle souvent de soupirs, jamais de cris de tristesse. Celle-ci n'est pas un débordement, mais un état qui s'éteint et qui meurt. Ce qui la singularise de manière extrêmement significative, c'est sa très fréquente apparition à la suite de certains paroxysmes. Pourquoi l'acte sexuel est-il suivi d'abattement, pourquoi est-on triste après une formidable ébriété ou un débordement dionysiaque ? Parce que l'élan dépensé dans ces excès ne laisse derrière lui que le sentiment de l'irréparable et une sensation de perte et d'abandon, marqués d'une très forte intensité négative. Nous sommes tristes après certains exploits parce que, au lieu du sentiment d'un gain, nous éprouvons celui d'une perte. La tristesse surgit chaque fois que la vie se dissipe ; son intensité équivaut à l'importance des pertes subies ; aussi est-ce le sentiment de la mort qui provoque la tristesse la plus grande. Élément révélateur de ce qui distingue la mélancolie de la tristesse : on ne qualifiera jamais un enterrement de mélancolique. La tristesse n'a aucun caractère esthétique — rarement absent de la mélancolie. Il est intéressant d'observer comment le domaine de l'esthétique rétrécit à mesure qu'on approche des expériences et des réalités capitales. La mort nie l'esthétique, au même titre que la souffrance ou la tristesse. La mort et la beauté — deux notions qui s'excluent mutuellement... Car je ne connais rien de plus grave ni de plus sinistre que la mort ! Comment se fait-il que des poètes aient pu la trouver belle et la célébrer ? Elle représente la valeur absolue du négatif. L'ironie veut qu'on la craigne tout en l'idolâtrant. Sa négativité m'inspire — je l'avoue — de l'admiration ; c'est pourtant la seule chose que je puisse admirer sans l'aimer. La grandeur et l'infinitude de la mort s'imposent à moi, mais mon désespoir est si vaste qu'il m'en interdit jusqu'à l'espérance. Comment aimer la mort ? On ne peut écrire sur elle qu'en outrant le paradoxe. Quiconque prétend en avoir une idée précise prouve qu'il n'en a pas un sentiment profond alors même qu'il la porte en soi. *Or tout homme porte en soi non seulement sa propre vie, mais aussi sa mort.*

Sur le visage de celui qu'affecte une intense tristesse, se lisent tant de solitude et d'abandon qu'on se demande si la physionomie de la tristesse ne présente pas la forme sous laquelle la mort s'objective. La tristesse ouvre une porte sur le mystère. Celui-ci est, cependant, si riche que la tristesse ne cesse jamais d'être énigmatique. Si l'on établissait une échelle des mystères, la tristesse entrerait dans la catégorie des mystères sans bornes, inépuisables.

Une constatation que je peux vérifier, à mon grand regret, à chaque instant : seuls sont heureux ceux qui ne pensent jamais, autrement dit ceux qui ne pensent que le strict minimum nécessaire pour vivre. La vraie pensée ressemble, elle, à un démon qui trouble les sources de la vie, ou bien à une maladie qui en affecte les racines mêmes. Penser à tout moment, se poser des problèmes capitaux à tout bout de champ et éprouver un doute permanent quant à son destin ; être fatigué de vivre, épuisé par ses pensées et par sa propre existence au-delà de toute limite ; laisser derrière soi une traînée de sang et de fumée comme symbole du drame et de la mort de son être — c'est être malheureux au point que le problème de la pensée vous donne envie de vomir et que la réflexion vous apparaît comme une damnation. Trop de choses sont à regretter dans un monde où l'on ne devrait avoir rien à regretter. Ainsi, je me demande si ce monde mérite réellement mon regret.

L'INSATISFACTION TOTALE

Par quel anathème certains ne se sentent-ils nulle part à l'aise ? Ni avec, ni sans le soleil, ni avec les hommes, ni sans eux... Ignorer la bonne humeur — voilà une chose déconcertante. Les hommes les plus malheureux : ceux qui n'ont pas droit à l'inconscience. Avoir une conscience toujours en éveil, redéfinir sans cesse son rapport au monde, vivre dans la perpétuelle tension de la connaissance, cela revient à être perdu pour la vie. Le savoir est un fléau, et la conscience une plaie ouverte au cœur de la vie. L'homme ne vit-il pas la tragédie d'un animal constamment insatisfait, suspendu entre la vie et la mort ? Ma qualité d'homme m'ennuie profondément. Si je le pouvais, j'y renoncerais sur-le-champ ; que deviendrais-je, cependant ? Une bête ? Point de marche arrière possible. De plus, je risquerais d'être une bête au courant de l'histoire de la philosophie. Devenir un surhomme me paraît une impossibilité et une niaiserie, un fantasme risible. La solution — approximative, certes — ne résiderait-elle pas dans une sorte de supra-conscience ? Ne pourrait-on pas vivre *au-delà* (et non plus en deçà, dans le sens de l'animalité) de toutes les formes complexes de la conscience, des supplices et des anxiétés, des troubles nerveux et des expériences spirituelles, dans une sphère d'existence où l'accession à l'éternité cesserait d'être un simple mythe ? En ce qui me concerne, je démissionne de l'humanité : je ne peux, ni ne veux, demeurer homme. Que me resterait-il à faire en tant que tel — travailler à un système social et politique, ou encore faire le malheur d'une pauvre fille ? Traquer les inconséquences des divers systèmes philosophiques ou m'employer à réaliser un idéal moral et esthétique ? Tout cela me paraît dérisoire : rien ne saurait me tenter. Je renonce à ma qualité d'homme, au risque de me retrouver seul sur les marches que je veux gravir. Ne suis-je pas déjà seul en ce monde dont je n'attends plus rien ? Au-delà des aspirations et des idéaux courants, une supra-conscience fournirait, probablement, un espace où l'on puisse respirer. Ivre d'éternité, j'oublierais la futilité de ce monde ; rien ne viendrait plus troubler une extase où l'être serait tout aussi pur et immatériel que le non-être.

LE BAIN DE FEU

Pour atteindre la sensation de l'immatérialité, il existe tant de voies que toute tentative d'établir une hiérarchie serait extrêmement hasardeuse, sinon inutile. Chacun emprunte une voie différente suivant son tempérament. Je pense, quant à moi, que le bain de feu constitue la tentative la plus féconde. Ressentir, dans tout son être, un incendie, une chaleur absolue, sentir jaillir en soi des flammes dévorantes, ne plus être qu'éclair et flamboiement — voilà ce que signifie un bain de feu. S'accomplit alors une purification capable d'annuler l'existence même. Les vagues de chaleur et les flammes ne la dévastent-elles pas jusqu'en son noyau, ne rongent-elles pas la vie, ne réduisent-elles pas l'élan, en lui ôtant tout caractère agressif, à une simple aspiration ? Vivre un bain de feu, subir les caprices d'une violente chaleur intérieure — n'est-ce pas atteindre une pureté immatérielle, semblable à une danse des flammes ? La délivrance de la pesanteur grâce à ce bain de feu ne fait-elle pas de la vie une illusion ou un rêve ? Et cela est encore bien peu comparé à la sensation finale — si paradoxale — où le sentiment de cette irréalité onirique fait place à la sensation d'être réduit en cendres. Celle-ci couronne immanquablement tout bain de feu intérieur. On peut dès lors parler à bon droit d'immatérialité. Brûlé au dernier degré par ses propres flammes, privé de toute existence individuelle, transformé en un tas de cendres, comment éprouverait-on encore la sensation de vivre ? Une folle volupté d'une ironie infinie s'empare de moi lorsque j'imagine mes cendres éparpillées aux quatre coins de la terre, frénétiquement soufflées par le vent, me disséminant dans l'espace comme une éternelle remontrance à l'adresse de ce monde.

LA DÉSINTÉGRATION

Tous les gens n'ont point perdu leur naïveté ; ainsi, tous ne sont pas malheureux. Ceux qui ont vécu et continuent à vivre collés à l'existence, non par imbécillité, mais par un amour instinctif du monde — ceux-là parviennent à l'harmonie, à une intégration à la vie que ne peuvent qu'envier ceux qui hantent les extrémités du désespoir. La désintégration correspond, elle, à une perte totale de la naïveté, ce merveilleux don détruit par la connaissance, ennemie déclarée de la vie. Le ravissement devant le charme spontané de l'être, l'expérience inconsciente des contradictions, qui perdent implicitement leur tragique — ce sont là des expressions de la naïveté, terrain fertile pour l'amour et l'enthousiame. Ne pas éprouver les contradictions de façon douloureuse, c'est parvenir à la joie virginale de l'innocence, rester fermé à la tragédie et au sentiment de la mort. La naïveté est opaque au tragique, mais ouverte à l'amour, car le naïf — non consumé de contradictions internes — possède les ressources nécessaires pour s'y consacrer. Pour le désintégré, cependant, le tragique acquiert une intensité extrêmement pénible, car les contradictions ne surviennent pas seulement en lui-même, mais aussi entre lui et le monde. Il n'existe que deux attitudes fondamentales : la naïve et l'héroïque ; toutes les autres ne font qu'en diversifier les nuances. Voilà le seul choix possible si l'on ne veut pas succomber à l'imbécillité. Or, la naïveté étant, pour l'homme confronté à cette alternative, un bien perdu, impossible à regagner, seul reste l'héroïsme. L'attitude héroïque est le privilège et la damnation des désintégrés, des suspendus, des laissés-pour-compte du bonheur et de la satisfaction. Être un héros — dans le sens le plus universel du mot — signifie désirer un triomphe absolu, qui ne peut s'obtenir que par la mort. Tout héroïsme transcende la vie, impliquant fatalement un saut dans le néant. Tout héroïsme est donc un héroïsme du néant, même si le héros n'en a pas conscience, et ne se rend pas compte que son élan procède d'une vie privée de ses ressorts habituels. Tout ce qui ne naît pas de la naïveté et n'y mène pas appartient au néant. Celui-ci exercerait-il donc une réelle attraction ? En ce cas, elle a trop de mystère pour qu'on puisse en prendre conscience.

SUR LA RÉALITÉ DU CORPS

Je ne comprendrai jamais pourquoi l'on a pu qualifier le corps d'illusion, pas plus que je ne comprendrai comment on a pu concevoir l'esprit en dehors du drame de la vie, de ses contradictions et de ses déficiences. C'est là, de toute évidence, ne pas avoir la conscience de la chair, des nerfs et de chaque organe. Cela reste, pour moi, incompréhensible, bien que je soupçonne cette inconscience d'être une condition essentielle du bonheur. Ceux qui demeurent attachés à l'irrationalité de la vie, asservis à son rythme organique antérieur à l'apparition de la conscience, ne connaissent pas cet état où la réalité corporelle est constamment présente à celle-ci. Cette présence dénote, en effet, une maladie essentielle de la vie. Car n'est-ce pas une maladie que de sentir constamment ses jambes, son estomac, son cœur, etc., d'avoir conscience de la moindre partie de son corps ? La réalité du corps est l'une des plus effroyables qui soient. Je voudrais bien savoir ce que serait l'esprit sans les tourments de la chair, ou la conscience sans une grande sensibilité des nerfs. Comment peut-on concevoir la vie en l'absence du corps, comment peut-on envisager une existence autonome et originelle de l'esprit ? Car l'esprit est le fruit d'un détraquement de la vie, de même que l'homme n'est qu'un animal qui a trahi ses origines. *L'existence de l'esprit est une anomalie de la vie*. Pourquoi ne renoncerais-je pas à l'esprit ?

Mais le renoncement ne serait-il pas une maladie de l'esprit, avant d'être une maladie de la vie ?

*

Je ne sais pas ce qui est bien et ce qui est mal ; ce qui est permis et ce qui ne l'est pas ; je ne peux ni louer, ni condamner. En ce monde, point de critère ni de principe consistant. Je suis surpris que certains se préoccupent encore de la théorie de la connaissance. Pour être sincère, je devrais avouer que je me fiche pas mal de la relativité de notre savoir, car ce monde ne mérite pas d'être connu. Tantôt j'ai le sentiment d'un savoir intégral épuisant tout le contenu du monde, tantôt je ne comprends strictement rien à ce qui se passe autour de moi. Je sens comme un goût âcre, une amertume diabolique et bestiale qui font que le problème de la mort lui-même m'apparaît fade. Je me rends compte, pour la première fois, combien cette amertume est difficile à définir. Cela vient peut-être aussi de ce que je perds mon temps à lui chercher des sources d'ordre théorique, alors qu'elle procède d'une région éminemment préthéorique.

En ce moment, je ne crois en rien du tout et je n'ai nul espoir. Tout ce qui fait le charme de la vie me paraît vide de sens. Je n'ai ni le sentiment du passé ni celui de l'avenir ; le présent ne me semble que poison. Je ne sais pas si je suis désespéré, car l'absence de tout espoir n'est pas forcément le désespoir. Aucun qualificatif ne saurait m'atteindre, car je n'ai plus rien à perdre. Et dire que j'ai tout perdu à l'heure où autour de moi tout s'éveille. Comme je suis loin de tout !

SOLITUDE INDIVIDUELLE
ET SOLITUDE COSMIQUE

On peut concevoir deux façons d'éprouver la solitude : se sentir seul au monde, ou ressentir la solitude du monde. Qui se sent seul vit un drame purement individuel — le sentiment de l'abandon peut survenir dans le cadre naturel le plus splendide. Être jeté dans ce monde, incapable de s'y adapter, détruit par ses propres déficiences ou exaltations, indifférent aux aspects extérieurs — fussent-ils sombres ou éclatants — pour demeurer rivé à son drame intérieur, voilà ce que signifie la solitude individuelle. Mais le sentiment de la solitude cosmique procède moins d'un tourment purement subjectif que de la sensation de l'abandon de ce monde, d'un néant objectif. Comme si le monde avait perdu subitement tout éclat pour évoquer l'essentielle monotonie d'un cimetière. Beaucoup sont torturés par la vision d'un univers à l'abandon, irrémédiablement voué à une solitude glaciale, que même les faibles reflets d'une lueur crépusculaire ne sauraient atteindre. Lesquels sont donc les plus malheureux : ceux qui ressentent la solitude en eux-mêmes ou ceux qui la ressentent à l'extérieur ? Impossible de répondre. Et puis, pourquoi m'embarrasserais-je à établir une hiérarchie dans la solitude ? N'est-ce pas assez que d'être seul ?

*

J'affirme ici à l'intention de tous ceux qui me succéderont que je n'ai rien en quoi je puisse croire sur cette terre et que le salut réside dans l'oubli. J'aimerais pouvoir tout oublier, m'oublier moi-même et le monde entier. Les véritables confessions ne s'écrivent qu'avec des larmes. Mais mes larmes suffiraient à noyer ce monde, comme mon feu intérieur à l'incendier. Je n'ai besoin d'aucun appui, d'aucun encouragement ni d'aucune compassion, car, si déchu que je sois, je me sens puissant, dur, féroce ! Je suis, en effet, le seul homme à vivre sans espoir. C'est là le sommet de l'héroïsme, son paroxysme et son paradoxe. La folie suprême ! Je devrais canaliser la passion chaotique et informe qui m'habite afin de tout oublier, de n'être plus rien, de me délivrer du savoir et de la conscience. Si je dois avoir un espoir, c'est dans l'oubli absolu. Mais ne s'agit-il pas plutôt d'un désespoir ? Cet « espoir » ne constitue-t-il pas la négation de toute espérance ? Je ne veux plus rien savoir, ni même le fait de ne rien savoir. Pourquoi tant de problèmes, de discussions et d'emportements ? Pourquoi une telle conscience de la mort ? Halte à la philosophie et à la pensée !

APOCALYPSE

Comme j'aimerais que tous les gens occupés ou investis de missions, hommes et femmes, jeunes et vieux, sérieux ou superficiels, joyeux ou tristes, abandonnent un beau jour leurs besognes, renonçant à tout devoir ou obligation, pour sortir dans la rue et cesser toute activité ! Ces gens abrutis, qui travaillent sans raison ou se gargarisent de leur contribution au bien de l'humanité, trimant pour les générations à venir sous l'impulsion de la plus sinistre des illusions, se vengeraient alors de toute la médiocrité d'une vie nulle et stérile, de cet absurde gaspillage d'énergie si étranger à tout avancement spirituel. Que je goûterais ces instants, où plus personne ne se laisserait leurrer par un idéal ni tenter par aucune des satisfactions qu'offre la vie, où toute résignation serait illusoire, où les cadres d'une vie normale éclateraient définitivement ! Tous ceux qui souffrent en silence, sans oser exprimer leur amertume par le moindre soupir, hurleraient alors dans un chœur sinistre, dont les clameurs épouvantables feraient trembler la terre entière. Puissent les eaux déferler et les montagnes s'ébranler effroyablement, les arbres exhiber leurs racines comme une hideuse et éternelle remontrance, les oiseaux croasser à l'instar des corbeaux, les animaux épouvantés déambuler jusqu'à l'épuisement. Que tous les idéaux soient déclarés nuls ; les croyances — des broutilles ; l'art — un mensonge, et la philosophie — de la rigolade. Que tout soit éruption et effondrement. Que de vastes morceaux arrachés du sol s'envolent et soient réduits en poussière ; que les plantes composent dans le firmament des arabesques bizarres, des contorsions grotesques, des figures mutilées et terrifiantes. Puissent des tourbillons de flammes s'élever dans un élan sauvage et envahir le monde entier, pour que le moindre vivant sache que la fin est proche. Que toute forme devienne informe et que le chaos engloutisse dans un vertige universel tout ce qui, en ce monde, possède structure et consistance. Que tout soit fracas dément, râle colossal, terreur et explosion, suivis d'un silence éternel et d'un oubli définitif. Qu'en ces moments ultimes les hommes vivent à une telle température que tout ce que l'humanité a jamais ressenti en matière de regret, d'aspiration, d'amour, de haine et de désespoir éclate en eux dans une explosion dévastatrice. Dans un tel bouleversement, où plus personne ne trouverait de sens à la médiocrité du devoir, où l'existence se désintégrerait sous la pression de ses contradictions internes, que resterait-il hormis le triomphe du Rien et l'apothéose du non-être ?

LE MONOPOLE DE LA SOUFFRANCE

Je me demande pourquoi la souffrance n'accable qu'une minorité. Y a-t-il une raison à cette sélection qui isole, parmi les individus normaux, une catégorie d'élus destinés aux supplices les plus effroyables ? Certaines religions affirment que la souffrance est le moyen dont se sert la Divinité pour vous éprouver, ou pour vous faire expier un péché. Cette conception peut valoir pour un croyant, mais celui qui voit la souffrance frapper indifféremment les purs comme les innocents ne saurait l'admettre. Rien ne peut justifier la souffrance, et vouloir la fonder sur une hiérarchie des valeurs est strictement impossible, à supposer qu'une telle hiérarchie puisse exister.

L'aspect le plus étrange des souffrants réside dans leur croyance en l'absolu de leur tourment, qui leur donne le sentiment d'en détenir le monopole. J'ai la nette impression d'avoir concentré en moi toute la souffrance de ce monde et d'en avoir l'exclusive jouissance, et ce, bien que je constate des souffrances encore plus atroces, qu'on peut mourir en perdant des lambeaux de chair, s'émietter sous ses propres yeux ; des souffrances monstrueuses, criminelles, inadmissibles. On se demande comment elles peuvent advenir, et, puisqu'elles adviennent, comment parler encore de finalité et autres balivernes. La souffrance m'impressionne tant que j'en perds presque tout courage. Je ne puis comprendre la raison de la souffrance dans le monde ; qu'elle dérive de la bestialité, de l'irrationalité, du démonisme de la vie, en explique la *présence*, mais n'en fournit pas la justification. Il est donc probable que la souffrance n'en a aucune, de même que l'existence en général. L'existence devrait-elle être ? Ou bien a-t-elle une raison purement immanente ? L'être n'est-il qu'être ? Pourquoi ne pas admettre un triomphe final du non-être, pourquoi ne pas admettre que l'existence chemine vers le néant, et l'être vers le non-être ? Ce dernier ne constitue-t-il pas la seule réalité absolue ? Voilà un paradoxe à la taille de celui de ce monde.

Bien que la souffrance comme phénomène m'impressionne et même parfois m'enchante, je ne saurais en écrire l'apologie, car la souffrance durable — et la véritable souffrance est telle — pour purificatrice qu'elle soit dans sa première phase, finit par détraquer, détruire, désagréger. L'enthousiasme facile pour la souffrance caractérise les esthètes et les dilettantes, qui la prennent pour un divertissement, ignorant sa terrible force de décomposition et ses ressources venimeuses de désagrégation, mais aussi sa fécondité, qu'il faut, cependant, payer très cher. Détenir le monopole de la souffrance revient à vivre suspendu au-dessus d'un gouffre. Toute vraie souffrance en est un.

LE SENS DU SUICIDE

Qu'ils sont donc lâches, ceux qui prétendent que le suicide est une affirmation de la vie ! Pour racheter leur manque de courage, ils s'inventeront toutes sortes de raisons censées excuser leur impuissance. Il n'y a pas, à vrai dire, de volonté ou de décision rationnelle de se suicider, mais seulement des déterminants organiques et intimes qui vous y prédestinent.

Les suicidaires ont un penchant pathologique pour la mort, auquel ils résistent en vérité mais qu'ils ne peuvent supprimer. La vie en eux a atteint un tel déséquilibre qu'aucun motif d'ordre rationnel ne peut plus la consolider. Aucun suicide ne procède uniquement d'une réflexion sur l'inutilité du monde ou sur le néant de la vie. A qui m'opposera l'exemple de ces anciens sages qui se suicidaient dans la solitude, je répondrai qu'ils avaient liquidé en eux-mêmes la moindre parcelle de vie, détruit toute joie d'exister, et supprimé toute tentation. Réfléchir longuement sur la mort ou sur d'autres questions angoissantes porte à la vie un coup plus ou moins décisif, mais il n'en est pas moins vrai que ce genre de tourment ne peut affecter qu'un être déjà atteint. Les hommes ne se suicident jamais pour des raisons extérieures, mais à cause d'un déséquilibre interne, organique. Les mêmes événements laissent certains indifférents, marquent les autres, et poussent d'autres encore au suicide. Pour arriver à l'obsession du suicide, il faut tant de tourment, tant de supplice, un effondrement des barrières intérieures si violent que la vie n'est plus qu'une sinistre agitation, un vertige, un tourbillon tragique. Comment le suicide pourrait-il être une affirmation de la vie ? On le dit provoqué par les déceptions : cela revient à dire qu'on désire la vie et qu'on en espère plus qu'elle ne peut donner. Quelle fausse dialectique — comme si le suicidé n'avait pas vécu avant de mourir, comme s'il n'avait pas eu d'ambition, d'espérance, de douleur ou de désespoir ! Importe dans le suicide le fait de ne plus pouvoir vivre, qui dérive, non d'un caprice, mais de la tragédie intérieure la plus effroyable. Et l'on prétend que ne plus pouvoir vivre, c'est affirmer sa vie ? Je suis étonné qu'on cherche encore une hiérarchie des suicides : rien de plus imbécile que de vouloir les classer suivant la noblesse ou la vulgarité des raisons. N'est-il pas suffisamment impressionnant en soi de s'ôter la vie, sans qu'on ait à chercher des raisons ? J'ai le plus grand mépris pour ceux qui raillent le suicide par amour, car ils sont incapables de comprendre qu'un amour irréalisable représente, pour l'amant, une impossibilité de se définir, une perte intégrale de son être. Un amour total, inassouvi, ne peut mener qu'à l'effondrement. Seules deux catégories d'hommes suscitent mon admiration : ceux qui peuvent devenir fous à tout moment et ceux qui sont, à chaque instant, capables de se suicider. Il n'y a que ceux-là pour m'impressionner, car eux seuls éprouvent de grandes passions et connaissent de grandes transfigurations. Ceux qui éprouvent la vie sur un mode positif, dans la certitude de chaque instant, enchantés de leur passé, de leur présent et de leur avenir, n'ont rien de plus que mon estime. Seuls ceux qui sont en contact permanent avec les réalités dernières me touchent réellement.

Pourquoi je ne me suicide pas ? Parce que la mort me dégoûte autant que la vie. Je n'ai pas la moindre idée de ma raison d'être ici-bas. Je ressens en ce moment un impérieux besoin de crier, de pousser un hurlement qui épouvante l'univers. Je sens monter en moi un grondement sans précédent, et je me demande pourquoi il n'explose pas, pour anéantir ce monde, que j'engloutirais dans mon néant. Je me sens l'être le plus terrible qui ait jamais existé dans l'histoire, une brute apocalyptique débordant de flammes et de ténèbres. Je suis un fauve au sourire grotesque, qui se contracte et se dilate à l'infini, qui meurt et grandit en même temps, exalté entre l'espérance du rien et le désespoir du tout, nourri de fragrances et de poison, brûlé par l'amour et la haine, annihilé par les lumières et les ombres. Mon symbole est la mort de la lumière et la flamme de la mort. En moi toute étincelle s'éteint pour renaître tonnerre et éclair. Les ténèbres elles-mêmes ne brûlent-elles pas en moi ?

LE LYRISME ABSOLU

Je voudrais exploser, couler, me décomposer, que ma destruction soit mon *œuvre*, ma création, mon inspiration ; m'accomplir dans l'anéantissement, m'élever, dans un élan démentiel, au-delà des confins, et que ma mort soit mon triomphe. Je voudrais me fondre dans le monde et que le monde se fonde en moi, que nous accouchions, dans notre délire, d'un rêve apocalyptique, étrange comme une vision de la fin et magnifique tel un grand crépuscule. Que naissent, du tissu de notre rêve, des splendeurs énigmatiques et des ombres conquérantes, qu'un incendie total engloutisse ce monde et que ses flammes provoquent des voluptés crépusculaires, aussi compliquées que la mort et fascinantes comme le néant. Il faut des tensions démentielles pour que le lyrisme atteigne son expression suprême. *Le lyrisme absolu est celui des derniers instants.* L'expression s'y confond avec la réalité, devient tout, devient une hypostase de l'être. Non plus objectivation partielle, mineure et non révélatrice, mais partie intégrante de vous-même. Désormais ne comptent pas seulement la sensibilité ou l'intelligence, mais aussi l'être, le corps tout entier, toute votre vie avec son rythme et ses pulsations. Le lyrisme total n'est rien d'autre que le destin porté au degré suprême de la connaissance de soi. Chacune de ses expressions est un morceau de vous-même. Aussi ne le retrouve-t-on que dans les moments essentiels, où les états exprimés se consument en même temps que l'expression elle-même, comme le sentiment de l'agonie et le phénomène complexe du mourir. L'acte et la réalité coïncident : le premier n'est plus une manifestation de la seconde, mais bien celle-ci même. Le lyrisme comme penchant vers l'auto-objectivation se situe au-delà de la poésie, du sentimentalisme, etc. Il se rapproche davantage d'une métaphysique du destin, dans la mesure où s'y retrouvent une actualité totale de la vie, et le contenu le plus profond de l'être en quête de conclusion. En règle générale, le lyrisme absolu tend à tout résoudre dans le sens de la mort. Car tout ce qui est capital a trait à la mort.

Sensation de la confusion absolue ! Ne plus être capable d'aucune distinction, ne plus pouvoir rien tirer au clair, ne plus rien comprendre... Cette sensation fait du philosophe un poète. Tous les philosophes cependant ne peuvent la connaître ni la vivre avec une intensité permanente. La connaîtraient-ils qu'ils ne pourraient plus philosopher de façon abstraite et rigoureuse. Le processus de transformation du philosophe en poète est essentiellement dramatique. Du sommet du monde définitif des formes et des questions abstraites, vous sombrez, en plein vertige des sens, dans la confusion des éléments de l'âme, qui s'entrelacent pour donner naissance à des constructions bizarres et chaotiques. Comment pourrait-on s'adonner à la philosophie abstraite dès lors qu'on sent en soi le déroulement d'un drame complexe où se mêlent un pressentiment érotique avec une inquiétude métaphysique torturante, la peur de la mort avec une aspiration à la naïveté, la renonciation totale avec un héroïsme paradoxal, le désespoir avec l'orgueil, le pressentiment de la folie avec le désir d'anonymat, le cri avec le silence, et l'enthousiasme avec le néant ? Qui plus est, ces tendances se mélangent et montent en un bouillonnement suprême et une folie intérieure, jusqu'à la confusion totale. Cela exclut toute philosophie systématique, toute construction précise. Bien des esprits ont commencé par le monde des formes pour finir dans la confu-

sion. Aussi ne peuvent-ils plus philosopher autrement que sur le mode poétique. Mais à ce degré de
confusion, seuls comptent les supplices et les voluptés
de la folie.

L'ESSENCE DE LA GRÂCE

Bien des artifices nous arracheraient à la fascination de transcender notre attachement aveugle à
la vie ; mais la grâce seule donne un détachement
qui ne rompt pas le lien avec les forces irrationnelles de l'existence, parce qu'elle est un saut
inutile, un élan désintéressé où le charme naïf et le
rythme confus de la vie gardent toute leur fraîcheur.
Toute grâce est un envol, une volupté de l'élévation.
Les gestes gracieux évoquent, dans leur déploiement, l'impression d'un vol plané au-dessus du
monde, léger et immatériel. Leur spontanéité a la
délicatesse d'un battement d'ailes, le naturel d'un
sourire et la pureté d'un songe printanier. La danse
n'est-elle pas l'expression la plus vivante de la
grâce ? Le sentiment de la vie que donne la grâce
fait de celle-ci une tension immatérielle, un flux de
vitalité pure qui ne dépasse jamais l'harmonie
immanente à tout rythme délicat. La grâce enveloppe toujours comme un songe de la vie, un jeu
gratuit, une expansion qui trouve ses limites à
l'intérieur d'elle-même. Aussi donne-t-elle l'illusion
agréable de la liberté, de l'abandon direct et spontané, d'un rêve immaculé envahi de clarté. Le
désespoir présente, lui, un paroxysme de l'individuation, une intériorisation douloureuse et singulière, un isolement sur les cimes. Tous les états qui
résultent d'une rupture et vous portent aux sommets de la solitude intensifient l'individuation et la

poussent à son paroxysme. La grâce au contraire mène à un sentiment harmonieux, à un accomplissement naïf, qui exclut la sensation d'isolement. Elle crée un état d'illusion où la vie nie et transcende ses antinomies et sa dialectique démoniaque, où les contradictions, l'irréparable et la fatalité disparaissent temporairement pour laisser place à une sorte d'existence sublimée. Cependant, aussi riche que soit la grâce en sublimation et pureté aérienne, celles-ci n'atteindront jamais les grandes purifications des cimes où s'accomplit le sublime. Les expériences courantes ne portent jamais la vie à un point de tension paroxystique, de vertige intérieur, elles n'émancipent pas de la pesanteur ni ne triomphent — fût-ce temporairement — de la gravitation, symbole de la mort. La grâce en revanche représente une victoire sur la pression des forces d'attraction souterraines, une évasion des griffes bestiales, des penchants démoniaques de la vie et de ses tendances négatives. Qu'on ne s'étonne point si la vie apparaît alors plus lumineuse, drapée d'un éclat radieux. Dépassant le démoniaque et la négativité vers une harmonie formelle, elle accède au bien-être plus rapidement que ne le feraient les voies compliquées de la foi, où celui-ci ne survient qu'au terme de contradictions et de tourments. Quelle diversité dans le monde — dire qu'il existe, à côté de la grâce, une peur continuelle qui vous ronge jusqu'à l'épuisement... Qui n'a pas éprouvé la peur de tout, la terreur du monde, l'anxiété universelle, l'inquiétude suprême, le supplice de chaque instant — celui-là ne saura jamais ce que veulent dire la tension physique, la démence de la chair et la folie de la mort. Tout ce qui est profond jaillit de la maladie ; tout ce qui n'en procède pas n'a de valeur qu'esthétique et formelle. Être malade, c'est vivre, qu'on le veuille ou non, sur des cimes. Celles-ci cependant ne désignent pas uniquement des hauteurs, mais aussi des gouffres et des profondeurs. Il n'est de cimes qu'abyssales, car on peut en choir à chaque instant ; or ces chutes-là, justement, permettent d'atteindre les sommets. La grâce, pour sa part, représente un état de contentement, voire de bonheur : ni abîmes ni grandes souffrances. Pourquoi les femmes sont-elles plus heureuses que les hommes, sinon parce que la grâce et la naïveté sont, chez elles, incomparablement plus fréquentes ? Certes, elles n'échappent pas non plus aux maladies ni aux insatisfactions, mais leur grâce naïve leur procure un équilibre superficiel, qui ne saurait déboucher sur des tensions dangereuses. La femme ne risque rien sur le plan spirituel, car chez elle l'antinomie de la vie et de l'esprit a une intensité moindre que chez l'homme. Le sentiment gracieux de l'existence ne mène point aux révélations métaphysiques, à la perspective des derniers instants ni à la vision des réalités essentielles, qui vous font vivre comme si vous ne viviez plus. Les femmes déconcertent : plus on pense à elles, moins on les comprend. Processus analogue à celui qui vous réduit au silence à mesure que vous réfléchissez sur l'essence ultime du monde. Mais tandis que vous restez, en ce cas, abasourdi devant un infini indéchiffrable, le vide de la femme vous apparaît comme un *mystère*. La femme a pour mission de permettre à l'homme d'échapper à la pression torturante de l'esprit ; elle peut être un salut. A défaut d'avoir sauvé le monde, la grâce aura au moins sauvé les femmes.

VANITÉ DE LA COMPASSION

Comment avoir des idéaux quand il existe, sur cette terre, des sourds, des aveugles ou des fous ?

Comment pourrais-je me réjouir du jour qu'un autre ne peut voir, ou du son qu'il ne peut entendre ? Je me sens responsable des ténèbres de tous et me considère comme un voleur de lumière. N'avons-nous pas, en effet, dérobé le jour à ceux qui ne voient pas et le son à ceux qui n'entendent pas ? Notre lucidité n'est-elle pas coupable des ténèbres des fous ? Sans savoir pourquoi, lorsque je pense à ces choses je perds tout courage et toute volonté ; la pensée m'apparaît inutile, et vaine la compassion. Je ne me sens pas suffisamment normal pour compatir au malheur de qui que ce soit. La compassion est une marque de superficialité : les destins brisés et les malheurs irrémédiables vous poussent soit au hurlement, soit à l'inertie permanente. La pitié et la commisération sont aussi inefficaces qu'insultantes. De plus, comment compatir au malheur d'autrui lorsqu'on souffre infiniment soi-même ? La compassion n'engage à rien, d'où sa fréquence. Nul n'est jamais mort ici-bas de la souffrance d'autrui. Quant à celui qui a prétendu mourir pour nous, il n'est pas mort : il a été mis à mort.

ÉTERNITÉ ET MORALE

Personne n'a su dire, à ce jour, ce que sont le bien et le mal. Il en ira certainement de même à l'avenir. Peu importe la relativité : seule compte l'impossibilité de ne pas faire usage de ces expressions. Sans savoir ce qui est bien ni ce qui est mal, je qualifie pourtant les actions de bonnes ou mauvaises. Si l'on me demandait en vertu de quoi je me prononce de la sorte, je ne saurais répondre. Un processus instinctif me fait apprécier les choses selon des critères moraux ; en y repensant après coup, je ne leur trouve plus aucune justification. La morale est devenue si complexe, et si contradictoire, parce que les valeurs morales ont cessé de se constituer *dans l'ordre de la vie* pour se cristalliser en une région transcendante, ne gardant que de faibles contacts avec les tendances vitales et irrationnelles. Comment fonderait-on une morale ? Le mot *bien* me donne envie de vomir, tant il est fade et inexpressif. La morale nous enjoint d'œuvrer pour le triomphe du bien. De quelle façon ? Par l'accomplissement du devoir, le respect, le sacrifice, la modestie, etc. Je n'y vois, pour ma part, que paroles vagues et vides de sens : devant le fait brut, les principes moraux se révèlent si vains qu'on se demande s'il ne vaudrait pas mieux, en fin de compte, vivre sans critères. J'aimerais un monde qui n'en contiendrait aucun, sans forme ni principe — un monde de l'indétermination. Car, dans le nôtre, ils exaspèrent plus que n'importe quel absolutisme normatif. J'envisage un monde de fantaisie et de rêve, où débattre sur le bien-fondé des normes n'aurait plus aucun sens. Puisque, de toute manière, la réalité est irrationnelle dans son essence, à quoi bon séparer le bien du mal — à quoi bon *distinguer* quoi que ce soit ? Ceux qui soutiennent qu'on peut, malgré tout, sauver la morale devant l'éternité se trompent du tout au tout. Ils affirment qu'en dépit du triomphe du plaisir, des satisfactions mineures et du péché, seuls subsistent, devant l'éternité, la bonne action et l'accomplissement moral. Après les misères et les plaisirs éphémères, on assiste — prétendent-ils — au triomphe final du bien, à la victoire définitive de la vertu. Ils n'ont pas dû s'aviser de ceci, que si l'éternité balaie satisfactions et plaisirs superficiels, elle n'en balaie pas moins tout ce qui s'appelle vertu, bonne action et acte moral. L'éternité ne mène ni au triomphe du bien ni à celui du mal : elle annule tout. Condamner l'épicurisme au nom de l'éternité est un non-sens. En quoi ma souffrance me ferait-elle durer plus longtemps qu'un bon vivant ? Objectivement parlant, que peut bien signifier le fait qu'un individu se crispe dans l'agonie tandis qu'un autre se vautre dans la volupté ? Qu'on souffre ou non, le néant nous engloutira indifféremment, irrémédiablement et pour toujours. On ne saurait parler d'un accès objectif à l'éternité, mais seulement d'un sentiment subjectif, fruit de discontinuités dans l'expérience du temps. Rien de ce que crée l'homme ne peut aboutir à une victoire définitive. Pourquoi s'enivrer d'illusions morales, alors qu'il est des illusions plus belles encore ? Ceux qui parlent du salut moral devant l'éternité évoquent l'écho indéfini dans le temps de l'acte moral, sa résonance illimitée. Rien n'est moins vrai, car les soi-disant vertueux — en fait, de simples lâches — disparaissent bien plus rapidement de la conscience du monde que les adeptes du plaisir. De toute façon, même dans le cas contraire, que signifieraient quelques dizaines d'années supplémentaires ? Tout plaisir inassouvi est une occasion perdue pour la vie. Ce n'est pas moi qui viendrais brandir la souffrance pour interdire au monde les orgies et les excès. Laissons les médiocres parler des conséquences des plaisirs : celles de la douleur ne sont-elles pas plus sérieuses encore ? Seul un médiocre souhaitera, pour mourir, atteindre le stade de la vieillesse. Souffrez donc, enivrez-vous, buvez la coupe du plaisir jusqu'à la lie, pleurez ou riez, poussez des cris de joie ou de désespoir — il n'en restera rien de toute manière. Toute la morale n'a d'autre but que de transformer cette vie en une somme d'occasions perdues.

INSTANT ET ÉTERNITÉ

L'éternité ne se laisse comprendre qu'en tant qu'expérience, comme quelque chose de vécu. La concevoir objectivement n'a aucun sens pour l'individu, car sa finitude temporelle lui interdit d'envisager une durée infinie, un processus illimité. L'expérience de l'éternité dépend de l'*intensité* des réactions subjectives, l'entrée dans l'éternité ne peut s'accomplir qu'en transcendant la temporalité. Il faut mener un combat rude et soutenu contre le temps pour qu'il ne reste — une fois dépassé le mirage de la succession des moments — que le vécu exaspéré de l'instant, qui vous précipite tout droit vers l'intemporel. Comment l'immersion absolue dans l'instant en permet-elle l'accès ? La perception du devenir résulte de l'insuffisance des instants, de leur relativité : ceux qui sont doués d'une conscience aiguë de la temporalité vivent chaque seconde en pensant à la suivante. On n'accède à l'éternité, en revanche, qu'en supprimant toute corrélation, en vivant chaque instant de manière absolue. Toute expérience de l'éternité suppose un saut et une transfiguration, car bien peu sont capables de la tension nécessaire pour atteindre cette paix sereine qu'on retrouve dans la contemplation de l'éternel. Ce n'est pas la durée, mais la puissance de cette contemplation qui importe. Le retour aux vécus habituels ne diminue en rien la fécondité de cette expérience intense. La *fréquence* de la contemplation est essentielle : seule la répétition permet d'atteindre l'ivresse de l'éternité, où les voluptés ont quelque chose de supra-terrestre, une transcendance rayonnante. A isoler chaque instant dans la succession, on lui prête un caractère d'absolu, mais qui reste purement subjectif, sans aucun élément d'irréalité ou de fantaisie. Dans la perspective de l'éternité, le temps est, avec son cortège d'instants individuels, sinon irréel, en tout cas insignifiant au regard des réalités essentielles.

L'éternité vous fait vivre sans regretter ni espérer quoi que ce soit. Vivre chaque moment pour lui-même, c'est dépasser la relativité du goût et des catégories, s'arracher à l'immanence où nous enferme la temporalité. Le vivre immanent dans la vie est impossible sans le vivre simultané dans le temps, car la vie comme activité dynamique et progressive exige la temporalité : privée de celle-ci, elle perd son caractère dramatique. Plus la vie est intense, plus le temps est essentiel et révélateur. En outre, la vie présente une multiplicité de *directions* et d'élans qui ne peuvent se déployer que dans le temps. En parlant de la vie, nous mentionnons *des* instants ; en parlant de l'éternité — l'instant. N'y a-t-il pas une absence de vie dans l'expérience de l'éternité, dans cette victoire sur le temps, dans cette transcendance des moments ? Une transfiguration s'opère, une déviation soudaine de la vie vers un plan différent, où l'antinomie et la dialectique des tendances vitales sont comme purifiées. Ceux qui sont prédisposés à la contemplation de l'éternité, tels les maîtres orientaux, ignorent notre rude combat pour transcender le temps, ignorent nos efforts d'intériorisation, nous qui sommes profondément contaminés par la temporalité. La contemplation de l'éternité elle-même est pour nous une source de visions conquérantes et d'étranges enchantements. Tout est permis à l'individu doué de la conscience de l'éternité, car, pour lui, les différenciations se fondent dans une image d'une monumentale sérénité, qui semble le résultat d'une grande renonciation. On n'aime pas l'éternité de la passion qu'on éprouve pour une femme, pour son propre destin ou pour son désespoir ; mais le penchant qu'on a pour les régions de l'éternité attire comme un élan vers la paix d'une lumière stellaire.

HISTOIRE ET ÉTERNITÉ

Pourquoi devrais-je continuer à vivre dans l'histoire, à partager les idéaux de mon époque, à me préoccuper de la culture ou des problèmes sociaux ? Je suis fatigué de la culture et de l'histoire ; il m'est désormais presque impossible de participer aux tourments du monde et à ses aspirations. Il faut dépasser l'histoire : on atteint ce stade sitôt que le passé, le présent et l'avenir n'ont plus la moindre importance et qu'il vous est indifférent de savoir *où* et *quand* vous vivez. En quoi vaut-il mieux vivre aujourd'hui plutôt que dans l'Égypte ancienne ? Nous serions de parfaits imbéciles de déplorer le sort de ceux qui ont vécu à d'autres époques, ignorant le christianisme ou les inventions et découvertes de la science. Comme on ne saurait hiérarchiser les conceptions de la vie, tout le monde a raison et personne. Chaque époque constitue un monde en soi, enfermé dans ses certitudes, jusqu'à ce que le dynamisme de la vie et la dialectique de l'histoire aboutissent à de nouvelles formules tout aussi limitées et insuffisantes. Je me demande comment certains peuvent s'occuper exclusivement du passé, tant l'histoire m'apparaît nulle dans son intégralité. Quel intérêt peut bien avoir l'étude des idéaux révolus et des croyances de nos prédécesseurs ? Les créations humaines ont beau être magnifiques — je m'en désintéresse complètement. La contemplation de l'éternité ne me procure-t-elle pas, en effet, un apaisement bien plus grand ? Non pas *homme/histoire*, mais *homme/éternité* — voilà un rapport acceptable dans un monde qui ne vaut même pas la peine qu'on y respire. Personne ne nie l'histoire par simple caprice ; on le fait sous la pression d'immenses tragédies, dont peu soupçonnent l'existence. On imaginera que vous avez pensé l'histoire abstraitement avant de la nier par le raisonnement, alors que votre négation résulte, en réalité, d'un profond accablement. Lorsque je nie le passé de l'humanité dans sa totalité, lorsque je refuse de participer à la vie historique, je suis pris d'une amertume mortelle, plus douloureuse qu'on ne saurait l'imaginer. Est-ce une tristesse latente que ces pensées viennent actualiser et intensifier ? Je sens en moi une saveur aigre de mort et de néant, qui me brûle tel un poison violent. Je suis triste au point que tout ici-bas m'apparaît à jamais dépourvu du moindre charme. Comment pourrais-je encore parler de beauté et m'adonner à l'esthétique quand je suis triste à mourir ?

Je ne veux plus rien savoir. En dépassant l'histoire, on acquiert une sorte de surconscience capitale pour l'expérience de l'éternité. Elle vous porte, en effet, vers une région où les antinomies, les contradictions et les incertitudes de ce monde perdent leur sens, où l'on oublie l'existence et la mort. C'est la peur de la mort qui anime les amateurs d'éternité : l'expérience de celle-ci a, en effet, pour seul avantage réel de vous faire oublier la mort. Mais qu'en est-il lorsque la contemplation s'arrête ?

NE PLUS ÊTRE HOMME

Je suis de plus en plus certain que l'homme est un animal malheureux, abandonné dans le monde, condamné à se trouver une modalité de vie propre, telle que la nature n'en a jamais connu. Sa prétendue liberté le fait souffrir plus que n'importe quelle forme de vie captive dans la nature. Rien d'étonnant, par conséquent, à ce que l'homme en arrive parfois à être jaloux d'une plante, d'une fleur. Pour vouloir vivre comme un végétal, grandir enraciné, s'épanouissant puis se fanant sous le soleil dans l'inconscience la plus parfaite, vouloir participer à la fécondité de la terre, être une expression anonyme du cours de la vie, il faut désespérer du sens de l'humanité. Pourquoi n'échangerais-je pas mon existence contre celle d'un végétal ? Je sais ce que c'est que d'être homme, d'avoir des idéaux et de vivre dans l'histoire : que puis-je encore espérer de ces réalités-là ? Être homme, c'est assurément une chose capitale ! une chose tragique, car l'homme vit dans un ordre d'existence radicalement nouveau, bien plus complexe, et dramatique, que celui de la nature. A mesure qu'on s'éloigne de la condition d'homme, l'existence perd de son intensité dramatique. L'homme tend constamment à s'arroger le monopole du drame et de la souffrance ; c'est pourquoi le salut représente pour lui un problème si brûlant et insoluble. Je ne puis éprouver la fierté d'être homme, car j'ai vécu ce phénomène jusqu'au bout. Seuls ceux qui ne l'ont pas vécu intensément peuvent la ressentir, puisqu'ils ne font encore que tendre à devenir hommes. Leur enchantement est tout naturel : l'on comprend bien que ceux qui ont à peine dépassé le stade animal ou végétal aspirent à la condition d'homme. Mais ceux qui savent ce qu'elle signifie cherchent à devenir tout sauf cela. Si je le pouvais, je prendrais tous les jours une forme différente de vie animale ou végétale, je serais successivement toutes les espèces de fleurs, rose, épine, mauvaise herbe, arbre tropical aux branches tordues, algue marine ballottée par les vagues, ou végétation des montagnes à la merci des vents ; ou alors oiseau au chant mélodieux ou bien prédateur au cri strident, migrateur ou sédentaire, bête des forêts ou animal domestique. J'aimerais vivre toutes ces variétés dans une frénésie sauvage et inconsciente, parcourir toute la sphère de la nature, me transformer avec une grâce naïve, sans pose, à l'image d'un processus naturel. Comme je m'aventurerais dans les nids ou les grottes, les déserts montagneux et marins, les collines et les plaines ! Seule cette échappée cosmique, vécue suivant l'arabesque des formes vitales et le pittoresque des plantes, saurait réveiller en moi l'envie de redevenir homme. Car si la différence de l'animal à l'homme consiste en ceci, que le premier ne saurait être autre chose qu'animal, tandis que l'homme peut être non-homme, c'est-à-dire autre chose que lui-même — eh bien, je suis un non-homme.

MAGIE ET FATALITÉ

J'ai peine à imaginer la joie de ceux qui sont doués d'une sensibilité magique — ces individus qui sentent tout en leur pouvoir, et pour qui aucune résistance n'est irréductible ni aucun obstacle insurmontable. La magie suppose une communion si étroite avec l'existence que toute manifestation subjective se ramène à une pulsation de la vie. Elle a la plénitude d'une intégration au flux vital. La sensibilité magique ne peut déboucher que sur la joie, car le fatal n'entre pas dans la structure interne de l'existence. Se sentir capable de tout, tenir l'absolu en main, voir sa propre exubérance se confondre avec celle du monde, sentir palpiter en soi frénétiquement le rythme universel, et qu'on ne fait qu'un avec le tout, ne concevoir l'existence que dans la mesure où elle stimule, voir le sens de ce monde s'actualiser à chaque instant sous son expression la plus parfaite — en tout cela s'accomplit une forme de joie difficilement imaginable, que seuls détiennent les êtres doués d'une sensibilité magique. Les maladies n'existent pas pour la magie — ou alors sont tenues pour guérissables, jamais invincibles. L'optimisme magique envisage tout sous l'angle de l'équivalence : ainsi, il devient illusoire de tenter d'individualiser la maladie pour lui appliquer un traitement spécifique. La magie conteste et réfute tout le négatif, tout ce qui est d'essence démoniaque dans la dialectique de la vie. Qui jouit de ce type de sensibilité ne comprend rien aux grands accomplissements douloureux, à la misère, au destin et à la mort. Les illusions de la magie nient l'*irréparable* du monde, elles rejettent la mort comme réalité fatale et universelle. Subjectivement, ce phénomène plonge l'homme dans un état de béatitude et d'exaltation euphorique : car il vit dès lors comme s'il n'allait jamais mourir. Or tout le problème de la mort tient dans la conscience qu'en a le sujet : sans cela, entrer dans le néant n'a pas la moindre importance. Mais on atteint au paroxysme de la conscience par le sentiment constant de la mort.

Infiniment complexes sont ceux qui ont la conscience de la fatalité, ceux pour qui existent l'insoluble et l'irréparable, qui comprennent que l'irrémédiable représente un aspect essentiel du monde. Car toutes les réalités capitales se placent sous le signe de la fatalité, qui vient de l'incapacité de la vie à dépasser ses conditions et limites immanentes. La magie est, certes, utile pour les choses de peu d'importance, non essentielles ; mais sans valeur devant les réalités d'ordre métaphysique, qui réclament, le plus souvent, le silence — ce dont la sensibilité magique est incapable. Vivre dans la conscience aiguë de la fatalité, de sa propre impuissance devant les grands problèmes qu'on ne peut poser sans s'impliquer tragiquement, c'est affronter directement l'interrogation capitale qui se dresse devant ce monde.

L'INCONCEVABLE JOIE

Vous prétendez que le désespoir et l'agonie ne sont que préliminaires, que l'idéal consiste à les dépasser, qu'à vivre longtemps sous leur emprise on devient un automate. Vous faites de la joie l'unique salut, et méprisez tout le reste. Vous qualifiez d'égoïsme la hantise de l'agonie, et vous ne trouvez de générosité que dans la joie. Vous nous l'offrez, cette joie ; mais comment voulez-vous que nous l'acceptions du dehors ? car tant qu'elle ne surgit pas de nous-mêmes, tant qu'elle ne jaillit pas de nos ressources et de notre rythme propres, les interventions extérieures ne servent à rien. Qu'il est facile de recommander la joie à ceux qui ne peuvent se réjouir ! Et comment se réjouir lorsque vous torture jour et nuit l'obsession de la folie ? Se rendent-ils compte, ceux qui proposent la joie à tout bout de champ, de ce que veulent dire la crainte d'un effondrement imminent, le supplice constant de ce terrible pressentiment ? A cela s'ajoute la conscience de la mort, plus persistante encore que celle de la folie. Je veux bien que la joie soit un état paradisiaque, mais on ne peut y accéder que par une évolution naturelle. Il se peut que nous surmontions un jour cette obsession des instants d'agonie, pour pénétrer dans un paradis de sérénité. Les portes de l'Éden seront-elles, en effet, à jamais

78

closes devant moi ? Jusqu'à présent, je n'en ai pas trouvé la clé.

Comme nous ne pouvons nous réjouir, il ne nous reste que le chemin des souffrances, celui d'une exaltation folle et sans limites. Portons donc l'expérience des instants d'agonie jusqu'à son expression ultime ; vivons le paroxysme de notre drame intérieur ! Alors seule subsistera une tension suprême, disparaissant à son tour pour ne laisser derrière elle qu'une traînée de fumée... Car notre feu intérieur aura achevé de tout consumer. La joie n'a pas besoin de justification — elle représente un état trop pur et généreux pour que nous en fassions l'éloge. Impossible aux désespérés organiques, la joie exerce sur les désespérés occasionnels suffisamment d'attraits pour se passer de justification. La complexité du désespoir absolu passe infiniment celle de la joie absolue. Est-ce pour cela que les portes du paradis sont trop étroites pour ceux qui ont perdu l'espoir ?

AMBIGUÏTÉ DE LA SOUFFRANCE

Il n'est personne qui, après avoir triomphé de la douleur ou de la maladie, n'éprouve, au fond de son âme, un regret — si vague, si pâle soit-il. Bien que désireux de se rétablir, ceux qui souffrent longuement et intensément se sentent toujours amenés à envisager comme une perte leur probable guérison. Lorsque la douleur fait partie intégrante de l'être, son dépassement suscite nécessairement le regret, comme d'une chose disparue. Ce que j'ai de meilleur en moi, tout comme ce que j'ai perdu, c'est à la souffrance que je le dois. Aussi ne peut-on ni l'aimer ni la condamner. J'ai pour elle un

sentiment particulier, difficile à définir, mais qui a
le charme et l'attrait d'une lumière crépusculaire.
La béatitude dans la souffrance n'est qu'une illusion,
car elle exigerait de se réconcilier avec la fatalité
de la douleur, pour éviter la destruction. Dans cette
béatitude illusoire gisent les dernières ressources
de la vie. La seule concession qu'on puisse faire à
la souffrance tient dans le regret de la guérison,
mais, trop vague et diffus, celui-ci ne peut se
cristalliser dans la conscience. Toute douleur qui
s'éteint provoque un sentiment de trouble, comme
si le retour à l'équilibre interdisait à jamais l'accès
à des régions torturantes et ensorceleuses à la fois,
qu'on ne peut quitter sans un regard en arrière. La
souffrance ne nous ayant pas révélé la beauté,
aucune autre lumière ne peut plus nous séduire.
Sommes-nous encore attirés par les ténèbres de la
souffrance ?

POUSSIÈRE, C'EST TOUT

Je vois tant de raisons de refuser un sens à la vie
qu'il serait vain de les énumérer : le désespoir,
l'infini et la mort ne sont que les plus évidentes.
Mais bien des données intimes vous déterminent
tout autant à nier totalement le sens de la vie...
Face à l'existence le vrai et le faux ne comptent
plus, mais seulement notre réaction personnelle.
Subjectivisme, dira-t-on. Qu'importe ? L'expérience
subjective ne vous élève-t-elle pas au plan de l'universalité, comme l'instant à celui de l'éternité ? Les
hommes goûtent si peu la solitude ! De tout ce qui
en est issu, ils se dépêchent de décréter la stérilité :
ils ne s'attachent qu'aux valeurs sociales, bercés
qu'ils sont de l'illusion d'y avoir tous collaboré.

Chacun veut *faire* quelque chose et survivre dans ses réalisations. Comme si celles-ci n'allaient pas être réduites en poussière !

*

Je suis mécontent de tout. Même si j'étais élu Dieu, je présenterais aussitôt ma démission ; si le monde se réduisait à moi, si le monde entier était moi, je me briserais en mille morceaux, je volerais en éclats. Comment puis-je connaître des instants où j'ai l'impression de tout comprendre ?

L'ENTHOUSIASME COMME FORME D'AMOUR

Il est des individus chez qui la vie revêt des formes d'une pureté, d'une limpidité difficiles à imaginer pour ceux qui sont en proie aux contradictions et au chaos. Passer par des conflits intérieurs, se consumer dans un drame intime, subir un destin placé sous le signe de l'irrémédiable : voilà une vie d'où toute clarté est bannie. Ceux dont l'existence se déroule sans heurts ni obstacles parviennent à un état de paix et de contentement, où le monde apparaît lumineux, captivant. N'est-ce pas l'enthousiasme, cet état qui inonde le monde d'un éclat fait de joies et d'attraits ? L'enthousiasme fait découvrir une forme particulière de l'amour, et révèle une manière nouvelle de s'abandonner au monde. L'amour a tant de visages, tant de déviations, tant d'aspects, qu'il est malaisé d'en isoler le noyau ou la forme essentielle. Il est central, pour toute érotique, d'identifier la manifestation originelle de l'amour, la manière primordiale dont il se réalise. On parle d'amour entre les sexes, d'amour

81

pour la divinité, pour l'art ou la nature, on parle aussi de l'enthousiasme comme forme d'amour, etc. Quelle en est la manifestation caractéristique, dont les autres dépendent, voire dérivent ? Les théologiens soutiennent que la forme primordiale de l'amour est l'*amor Dei* : les autres n'en seraient que de pâles reflets. Certains panthéistes à tendances esthétisantes optent pour la nature, et les esthètes purs, pour l'art. Pour les adeptes de la biologie, c'est la sexualité comme telle, sans affectivité ; pour certains métaphysiciens enfin, le sentiment de l'identité universelle. Cependant nul ne prouvera que la forme d'amour qu'il défend est vraiment constitutive de l'homme, car, à l'échelle de l'histoire, cette forme aura tellement varié que plus personne ne saura en déterminer le caractère spécifique. Je pense, quant à moi, que sa forme essentielle est l'amour entre l'homme et la femme, qui, loin de se réduire à la sexualité pure, implique tout un ensemble d'états affectifs, dont la richesse se laisse aisément saisir. Qui s'est jamais suicidé pour Dieu, pour la nature ou pour l'art ? — réalités trop abstraites pour qu'on les aime avec intensité. L'amour est d'autant plus intense qu'il est lié à l'individuel, au concret, à l'unique ; on aime une femme pour ce qui la différencie dans le monde, pour sa singularité : aux instants d'amour extrême, rien ne saurait la remplacer. Toutes les autres formes d'amour, bien qu'elles tendent à devenir autonomes, participent de cet amour central. Aussi considère-t-on l'enthousiasme comme indépendant de la sphère de l'Éros, alors que ses racines plongent dans la substance même de l'amour, en dépit de son pouvoir d'affranchissement. Toute nature enthousiaste enveloppe une réceptivité cosmique, universelle, une capacité de tout assimiler, de s'orienter tous azimuts, et de s'engager partout avec une vitalité débordante, pour la seule volupté de l'accomplissement et la passion d'agir. L'enthousiaste ne connaît ni critères, ni perspectives, ni calcul, mais seulement l'abandon, le supplice et l'abnégation. La joie de l'accomplissement, l'ivresse de l'efficacité font l'essentiel de ce type humain, pour qui la vie est un élan qui porte à une altitude où les forces de destruction perdent de leur vigueur. Nous avons tous des moments d'enthousiasme, mais trop rares pour nous définir. Je parle ici d'un enthousiasme à toute épreuve : qui ne connaît point de défaites, car il ne fait pas cas de l'objet, mais jouit de l'initiative et de l'activité comme telle ; qui se lance dans une action, non pour en avoir médité le sens ou l'utilité, mais parce qu'il ne peut faire autrement. Sans lui être forcément indifférents, le succès ou l'échec ne stimulent ni ne découragent jamais l'enthousiaste : il est bien la dernière personne du monde à échouer. La vie est beaucoup moins médiocre et fragmentaire dans son essence qu'on ne le pense : n'est-ce pas pour cette raison que nous ne faisons que déchoir, perdre la vivacité de nos impulsions et nous imposer des formes, nous sclérosant aux dépens de la productivité, du dynamisme intérieur ? La perte de la fluidité vitale détruit notre réceptivité et notre capacité à épouser généreusement la vie. Seul l'enthousiaste demeure vivant jusqu'à la vieillesse : les autres, lorsqu'ils ne sont pas mort-nés — comme la plupart des hommes — meurent prématurément. Qu'ils sont rares, les vrais enthousiastes ! Imaginerions-nous un monde où tous seraient amoureux de tout ? Il serait plus alléchant que l'image même du paradis, car l'excès de sublime et de générosité surpasse toute vision édénique. Les capacités de l'enthousiaste à renaître constamment le placent au-delà des tentations démoniaques, de la peur du néant et du supplice de l'agonie. Sa vie ignore le tragique, car l'enthousiasme constitue la seule forme d'existence qui soit entièrement opaque au sentiment de la mort. Même dans la grâce — cette forme si proche de l'enthousiasme — la méconnaissance, l'indifférence organique et l'ignorance irrationnelle de la mort ont moins de force. Il entre, dans la grâce, beaucoup de charme mélancolique, mais aucunement dans l'enthousiasme. Mon admiration sans bornes pour les enthousiastes vient de mon impuissance à comprendre leur existence dans un monde où la mort, le néant, la tristesse et le désespoir composent un sinistre cortège. Qu'il y ait des gens inaptes au désespoir — voilà qui trouble et impressionne. Comment se fait-il que l'enthousiaste soit indifférent à l'objet ? Comment peut-il n'être mû que par la plénitude et l'excès ? Et quel est cet étrange et paradoxal accomplissement auquel l'amour parvient dans l'enthousiasme ? Car plus l'amour a d'intensité, plus il est individualisé. Ceux qui aiment d'une grande passion ne sauraient aimer plusieurs femmes à la fois : plus la passion a de force, plus son objet s'impose. Essayons donc d'imaginer une passion dépourvue d'objet, figurons-nous un homme sans une femme pour concentrer son amour : que resterait-il, sinon une plénitude d'amour ? N'y a-t-il pas d'hommes doués de grandes potentialités amoureuses, mais qui n'ont jamais aimé de cet amour primordial, originel ? L'enthousiasme : un amour sans objet individualisé. Au lieu de s'orienter vers autrui, les virtualités amoureuses s'épanchent alors en manifestations généreuses, en une sorte de réceptivité universelle.

L'enthousiasme est, en effet, un produit supérieur de l'Éros, où l'amour ne se dépense pas dans le culte réciproque des sexes, mais fait de l'enthousiaste un être désintéressé, pur et inaccessible. De toutes les formes de l'amour, l'enthousiasme est la plus exempte de sexualité, plus encore que l'amour mystique, lequel ne peut se délivrer de la symbolique sexuelle. Aussi l'enthousiasme met-il à l'abri de l'inquiétude et du flou qui font de la sexualité une caractéristique du tragique de l'homme. L'enthousiaste est une personne éminemment non problématique. Il peut comprendre bien des choses, mais non les incertitudes douloureuses ni la sensibilité chaotique de l'esprit torturé. Les esprits problématiques ne peuvent rien résoudre, car ils n'aiment rien. Allez donc chercher, en eux, cette capacité d'abandon, ce paradoxe de l'amour comme état pur, cette actualité permanente et totale qui ouvre à tout à chaque instant, cette irrationalité naïve. Le mythe biblique du péché de la connaissance est le plus profond que l'humanité ait jamais imaginé. L'euphorie des enthousiastes tient, précisément, au fait qu'ils ignorent la tragédie de la connaissance. Pourquoi ne pas le dire ? La connaissance se confond avec les ténèbres. Je renoncerais volontiers à tous les problèmes sans issue en échange d'une douce et inconsciente naïveté. L'esprit n'élève pas : *il déchire*. Dans l'enthousiasme — tout comme dans la grâce ou la magie — l'esprit ne s'oppose pas antinomiquement à la vie. Le secret du bonheur réside en cette indivision initiale, qui maintient une unité inattaquable, une convergence organique. L'enthousiaste ignore la dualité — ce poison. Ordinairement, la vie ne demeure féconde qu'au prix de tensions et d'antinomies, de tout ce qui relève du combat. L'enthousiasme dépasse, quant à lui, ce combat pour une envolée exempte de tragique, un amour exempt de sexualité.

LUMIÈRE ET TÉNÈBRES

La nullité des interprétations philosophiques et historiques en matière de religion apparaît dans leur totale incompréhension de ce que signifie le dualisme de la lumière et des ténèbres dans les religions orientales et dans la mystique en général. L'alternance régulière du jour et de la nuit — celui-là principe de vie, celle-ci, de mystère et de mort — aurait inspiré la traduction de la lumière et des ténèbres en principes métaphysiques. Quoi de plus évident au premier abord ? Pour qui recherche des déterminants profonds, cependant, ces interprétations se révèlent insuffisantes. La question de la lumière et des ténèbres est en fait liée à celle des états extatiques. Ce dualisme ne prend de valeur explicative que pour celui qui a connu l'obsession et la captivité, soumis, simultanément ou successivement, aux forces de la lumière et des ténèbres. Les états extatiques font danser dans l'obscurité, insolitement, les ombres avec les étincelles ; ils mêlent, en une vision dramatique, des éclairs à des ombres fugitives et mystérieuses, en faisant varier les nuances de la lumière jusqu'aux ténèbres. Ce n'est pourtant pas ce déploiement qui impressionne, mais le fait d'en être dominé, envahi et obsédé. On atteint le comble de l'extase dans la sensation finale, quand on croirait mourir de lumière et de ténèbres. Étrangement, la vision extatique fait disparaître tous les objets environnants, toutes les formes courantes d'individuation ; il ne reste alors qu'une projection d'ombres et de lumières. Il est difficile d'expliquer comment s'accomplissent cette sélection et cette purification, et comment sont compatibles leur pouvoir de fascination et leur immatérialité. L'exaltation extatique comporte un élément démoniaque. Et lorsque de l'extase de ce monde il ne reste que la lumière et les ténèbres, comment éviter de leur attribuer un caractère absolu ? La fréquence des états extatiques en Orient, et la mystique de tous les temps, sont de nature à vérifier notre hypothèse. Nul ne saurait trouver l'absolu en dehors de soi-même ; or, l'extase, ce paroxysme de l'intériorité, ne révèle que des étincelles et des ombres internes. En comparaison, le jour et la nuit font bien pâles. Les états extatiques prennent un aspect si essentiel qu'ils font surgir, lorsqu'ils touchent les régions profondes de l'existence, une aveuglante hallucination métaphysique. L'extase n'affecte que des essences pures et, de ce fait, immatérielles. Mais leur immatérialité produit des vertiges et des obsessions auxquels on n'échappera qu'en les convertissant en principes métaphysiques.

LE RENONCEMENT

Ainsi, vous avez connu la vieillesse, la douleur et la mort, et vous avez conclu que le plaisir est une illusion, que les jouisseurs, en proie à cette illusion — la plus grande de toutes — ne comprennent rien à l'instabilité des choses. Alors vous avez fui le monde, persuadé du caractère éphémère de la beauté et de tous les charmes d'ici-bas. Je ne reviendrai pas, avez-vous dit, avant d'avoir échappé à la naissance, à la vieillesse et à la mort.

Il y a beaucoup d'orgueil et de souffrance dans le renoncement. Au lieu de vous retirer discrètement, sans haine ni révolte, vous dénoncez l'ignorance et les faiblesses des autres, vous condamnez le plaisir et les voluptés où les hommes se complaisent. Ceux qui ont renoncé au monde pour se consacrer à l'ascèse ont agi ainsi, convaincus d'avoir dépassé radicalement les misères humaines. Le sentiment d'accéder à une éternité subjective leur a donné l'illusion d'une délivrance totale. Néanmoins, leur impuissance à se délivrer réellement se lit dans leur condamnation du plaisir et leur mépris pour ceux qui ne vivent que pour vivre. Même si je devais me retirer dans le plus effroyable des déserts, renoncer à tout pour ne plus connaître que la solitude totale, jamais je n'oserais mépriser le plaisir et ses adeptes. Puisque le renoncement et la solitude ne peuvent me valoir l'éternité, puisque je suis destiné à mourir comme tous les autres, pourquoi mépriserais-je qui que ce soit, pourquoi brandirais-je ma propre voie comme la seule véritable ? Les prophètes ne sont-ils pas dépourvus de toute compréhension, de toute discrétion ? Je perçois la douleur, la vieillesse et la mort, et je m'aperçois qu'on ne saurait les surmonter. Mais pourquoi irais-je en troubler le plaisir d'autrui ? Certes, il n'y a que le renoncement pour tenter celui qui s'est trouvé confronté à de telles réalités et qui les vit en étant persuadé de leur pérennité. La souffrance conduit, certes, au renoncement ; néanmoins, je ne condamnerais jamais la joie d'un autre, la lèpre dût-elle me dévorer. La condamnation contient toujours une bonne part d'envie. Le bouddhisme et le christianisme ne sont que vengeance et jalousie à l'égard des souffrants. *A l'agonie, je le sens, je ne pourrais faire que l'apologie de l'orgie*. Je ne recommande le renoncement à personne, car trop rares sont ceux qui réussissent, une fois au désert, à surmonter l'obsession de l'éphémère. Là-bas comme dans le monde, la précarité des choses garde le même douloureux attrait. Sachons bien que les illusions des grands solitaires furent plus irréalistes encore que celles des naïfs et des ignorants.

L'idée de renoncement est si amère qu'on s'étonne que l'homme ait pu la concevoir. Qui n'a pas ressenti, dans les accès de désespoir, un frisson glacé lui parcourir le corps, une sensation d'abandon à l'inéluctable, de mort cosmique et de néant, de vide subjectif et d'inexplicable inquiétude, celui-

là ignore les terribles préliminaires du renoncement.

Mais comment renoncer ? Où aller pour ne pas
tout abandonner d'un coup (bien que ce soit là le
seul vrai renoncement) ? Nous ne pouvons plus
trouver de désert extérieur ; il nous manque le
décor du renoncement. Incapables de vivre libres
sous le soleil sans autre pensée que celle de l'éternité, comment pourrions-nous devenir des saints
sous abri ? C'est un drame éminemment moderne
que de ne pouvoir renoncer autrement que par le
suicide. Mais, si notre désert intérieur pouvait se
matérialiser, son immensité ne nous accablerait-
elle pas ?

*

Pourquoi ne pas éclater ? N'y a-t-il pas en moi
suffisamment d'énergie pour faire trembler l'univers, suffisamment de folie pour anéantir la moindre
clarté ? Ma seule joie n'est-elle pas celle du chaos,
et mon plaisir l'élan qui m'abat ? Mes ascensions ne
sont-elles pas des chutes, mon explosion n'est-elle
pas ma passion ? Ne puis-je aimer sans m'auto-
détruire ? Serais-je hermétiquement fermé aux états
purs ? Mon amour comporterait-il tant de poison ?
Il me faut m'abandonner complètement à tous mes
états, ne plus y penser pour les vivre dans l'excès
le plus total. N'ai-je pas assez combattu la mort ?
Me faut-il, de plus, avoir l'Éros pour ennemi ?
Pourquoi ai-je donc si peur dès que l'amour renaît
en moi, pourquoi ai-je envie d'engloutir le monde
afin d'arrêter la croissance de cet amour ? Ma
misère : je veux être trompé en amour pour avoir
de nouvelles raisons de souffrir. Car seul l'amour
vous révèle votre déchéance. Celui qui a vu la mort
en face peut-il encore aimer ? Peut-il mourir
d'amour ?

LES BIENFAITS DE L'INSOMNIE

De même que l'extase vous purge de l'individuel et du contingent, n'épargnant que la lumière et les ténèbres, ainsi les nuits d'insomnie détruisent la multiplicité et la diversité du monde pour vous laisser à vos obsessions. Quel étrange envoûtement dans ces mélodies qui jaillissent de vous-même pendant les nuits blanches ! Le rythme et l'évolution sinueuse d'un chant intérieur s'emparent de vous, dans un enchantement qui ne saurait rejoindre l'extase, car il entre trop de regret dans ce déferlement mélancolique. Regret de quoi ? Difficile à dire, car les insomnies sont trop compliquées pour qu'on se rende compte de ce qu'on a perdu. Cela vient peut-être de ce que la perte est infinie... Pendant les veilles, la présence d'une pensée ou d'un sentiment s'impose de manière exclusive. Tout s'accomplit alors sur un registre mélodique. L'être aimé s'immatérialise — est-il rêve ou réalité ? Ce que cette conversion mélodique emprunte à la réalité suscite en l'âme un trouble qui — trop peu intense pour mener à une anxiété universelle — garde l'empreinte de la musique. La mort elle-même, sans cesser d'être hideuse, surgit dans cette immensité nocturne, dont la transparence évanescente, quoique illusoire, n'en est pas moins musicale. Cependant, la tristesse de cette nuit universelle ressemble en tout point à la tristesse de la musique orientale, où le mystère de la mort prédomine au détriment de celui de l'amour.

L'irrationnel joue un rôle capital dans la naissance de l'amour, de même que, dans la *sensation* de l'amour, l'impression de fondre, de se dissoudre. L'amour est une forme de communion et d'intimité : qu'est-ce qui saurait l'exprimer mieux que le phénomène subjectif de la dissolution, de l'écroulement de toutes les barrières de l'individuation ? L'amour n'est-il pas tout ensemble, paradoxalement, l'universel et le singulier par excellence ? La véritable communion ne peut se réaliser qu'à travers l'individuel. J'aime un être, mais comme celui-ci est le symbole du tout, je participe de l'essence du tout sur un mode naïf et inconscient. Cette participation universelle suppose la spécification de l'objet, l'individuel ouvre à l'universel. Le flou et l'exaltation de l'amour surgissent d'un pressentiment, de la présence irrationnelle dans l'âme de l'amour en général, qui touche alors à son paroxysme. L'amour vrai est un sommet auquel la sexualité n'enlève rien.

La sexualité n'atteint-elle pas, aussi, des cimes ? Ne procure-t-elle pas un paroxysme unique ? Ce curieux phénomène qu'est l'amour, cependant, chasse la sexualité du centre de la conscience, bien qu'on ne puisse concevoir d'amour sans sexualité. L'être aimé grandit alors en vous, purifié et obsédant, nimbé de transcendance et d'intimité, qui rendent la sexualité marginale, sinon en fait, du moins subjectivement. Entre les sexes, pas d'amour spirituel, mais une transfiguration charnelle où la personne aimée s'identifie à vous jusqu'à vous donner l'illusion de la spiritualité. Alors seulement surgit la sensation de dissolution, où la chair tremble d'un frémissement total et cesse d'être résistance et obstacle pour brûler d'un feu intérieur, pour se fondre et se perdre.

L'HOMME, ANIMAL INSOMNIAQUE

Quelqu'un a dit que le sommeil équivaut à l'espérance : admirable intuition de l'importance effrayante du sommeil — et tout autant de l'insomnie ! Celle-ci représente une réalité si colossale que je me demande si l'homme ne serait pas un animal inapte au sommeil. Pourquoi le qualifier d'animal raisonnable alors qu'on peut trouver, en certaines bêtes, autant de raison qu'on veut ? En revanche, il n'existe pas, dans tout le règne animal, d'autre bête qui *veuille* dormir sans le pouvoir. Le sommeil fait oublier le drame de la vie, ses complications, ses obsessions ; chaque éveil est un recommencement et un nouvel espoir. La vie conserve ainsi une agréable discontinuité, qui donne l'impression d'une régénération permanente. Les insomnies engendrent, au contraire, le sentiment de l'agonie, une tristesse incurable, le désespoir. Pour l'homme en pleine santé — à savoir l'animal — il est futile de s'interroger sur l'insomnie : il ignore l'existence d'individus qui donneraient tout pour un assoupissement, des hantés du lit qui sacrifieraient un royaume pour retrouver l'inconscience que la terrifiante lucidité des veilles leur a brutalement ravie. Le lien est indissoluble entre l'insomnie et le désespoir. Je crois bien que la perte totale de l'espérance ne se conçoit pas sans le concours de l'insomnie. Le paradis et l'enfer ne présentent d'autre différence que celle-ci : on peut dormir, au paradis, tout son soûl ; en enfer, on ne dort jamais. Dieu ne punit-il pas l'homme en lui ôtant le sommeil pour lui donner la connaissance ? N'est-ce pas le châtiment le plus terrible que d'être interdit de sommeil ? Impossible d'aimer la vie quand on ne peut dormir. Les fous souffrent fréquemment d'insomnies, d'où leurs effroyables dépressions, leur dégoût de la vie et leur penchant au suicide. Or, cette sensation de s'enfoncer, tel un scaphandrier du néant, dans les profondeurs — sensation propre aux veilles hallu- cinées — ne relève-t-elle pas d'une forme de folie ? Ceux qui se suicident en se jetant à l'eau ou en se précipitant dans le vide agissent sous une impulsion aveugle, follement attirés par l'abîme. Ceux que de tels vertiges n'ont jamais saisis ne sauraient comprendre l'irrésistible fascination du néant qui pousse certains au renoncement suprême.

*

Il y a en moi plus de confusion et de chaos que l'âme humaine ne devrait en supporter. Vous trou- verez en moi tout ce que vous voudrez. Je suis un fossile des commencements du monde, en qui les éléments ne se sont pas cristallisés, en qui le chaos initial s'adonne encore à sa folle effervescence. Je suis la contradiction absolue, le paroxysme des antinomies et la limite des tensions ; en moi tout est possible, car je suis l'homme qui rira au moment suprême, à l'agonie finale, à l'heure de la dernière tristesse.

L'ABSOLU DANS L'INSTANT

On ne peut annuler le temps qu'en vivant l'instant intégralement, en s'abandonnant à ses charmes. On réalise ainsi l'*éternel présent* : le sentiment de la présence éternelle des choses. Le temps, le devenir — tout cela, dès lors, vous est indifférent. L'éternel présent est *existence*, car dans cette expérience radicale seulement, l'existence acquiert évidence et positivité. Arraché à la succession des instants, le présent est production d'être, dépassement du rien. Bienheureux ceux qui peuvent vivre dans l'instant, éprouver le présent sans faille, soucieux seulement de la béatitude du moment et du ravissement que procure la présence intégrale des choses... Or, l'amour n'atteint-il pas l'absolu de l'instant ? Ne dépasse-t-il pas la temporalité ? Ceux qui n'aiment pas dans un abandon spontané sont freinés par leur tristesse et leur angoisse, mais aussi par leur incapacité à surmonter la temporalité. L'heure n'est-elle pas venue de déclarer la guerre au temps, notre ennemi à tous ?

LA VÉRITÉ, QUEL MOT !

La plus grande stupidité que l'esprit humain ait jamais conçue est l'idée de la délivrance par la suppression du désir. Pourquoi entraver la vie, pourquoi la détruire pour un gain aussi stérile que l'indifférence totale et une libération illusoire ? Comment oserait-on encore parler de la vie lorsqu'on l'a anéantie en soi ? J'ai plus d'estime pour l'individu aux désirs contrariés, malheureux en amour et désespéré, que pour le sage impassible et orgueilleux. Tous devraient s'effacer, afin que la vie puisse continuer telle qu'elle est.

Je hais la sagesse de ces hommes que les vérités n'affectent pas, qui ne souffrent pas dans leurs nerfs, leur chair et leur sang. Je n'aime que les vérités vitales, les vérités organiques issues de notre inquiétude. Tous ceux qui pensent de manière vivante ont raison, car on ne trouvera pas d'arguments décisifs contre eux. Et même s'il s'en présentait, ils ne résisteraient pas à l'usure. Que certains s'acharnent encore à rechercher *la* vérité, je ne puis que m'en étonner. N'a-t-on donc pas compris qu'elle n'existe pas ?

LA BEAUTÉ DES FLAMMES

Le charme des flammes subjugue par un jeu étrange, au-delà de l'harmonie, des proportions et des mesures. Leur impalpable élan ne symbolise-t-il pas la tragédie et la grâce, le désespoir et la naïveté, la tristesse et la volupté ? Ne retrouve-t-on pas, dans leur dévorante transparence et leur brû- lante immatérialité, l'envol et la légèreté des grandes purifications et des incendies intérieurs ? J'aimerais être soulevé par la transcendance des flammes, être secoué par leur souffle délicat et insinuant, flotter sur une mer de feu, me consumer d'une mort de rêve. La beauté des flammes donne l'illusion d'une mort pure et sublime, semblable à une aurore. Immatérielle, la mort dans les flammes évoque des ailes incandescentes. N'y a-t-il que les papillons qui meurent ainsi ? — Mais ceux qui meurent de leurs propres flammes ?

PAUVRETÉ DE LA SAGESSE

Je hais les sages pour leur complaisance, leur lâcheté, et leur réserve. J'aime infiniment plus les passions dévorantes que l'humeur égale qui rend insensible au plaisir comme à la douleur. Le sage ignore le tragique de la passion et la peur de la mort, de même qu'il méconnaît l'élan et le risque, l'héroïsme barbare, grotesque ou sublime. Il s'exprime en maximes et donne des conseils. Le sage ne vit rien, ne ressent rien, il ne désire ni n'attend. Il se plaît à niveler les divers contenus de la vie, et en assume toutes les conséquences. Bien plus complexes me semblent ceux qui, malgré ce nivellement, ne cessent pourtant de se tourmenter. L'existence du sage est vide et stérile, car dépourvue d'antinomies et de désespoir. Mais les existences que dévorent des contradictions insurmontables sont infiniment plus fécondes. La résignation du sage surgit du vide, et non du feu intérieur. J'aimerais mille fois mieux mourir de ce feu que du vide et de la résignation.

LE RETOUR AU CHAOS

Marche arrière vers le chaos initial, retour à la confusion primordiale, au maelström originel ! Élançons-nous vers le tourbillon antérieur à l'apparition des formes. Que nos sens palpitent de cet effort, de cette démence, de cette flambée, de ces gouffres ! Que disparaisse tout ce qui est, afin que, dans cette confusion et ce déséquilibre, nous accédions pleinement au vertige total, en remontant du cosmos au chaos, de la nature à l'indivision originelle, de la forme au tourbillon. La désintégration du monde suit un processus contraire à l'évolution : une apocalypse renversée, mais jaillissant des mêmes aspirations. Car nul ne désire le retour au chaos s'il n'a pleinement subi les vertiges de l'apocalypse.

Que ma terreur et ma joie sont grandes à la pensée d'être happé par le tumulte du chaos initial, par sa confusion et sa paradoxale géométrie — l'unique géométrie chaotique, sans excellence de forme ni de sens.

Le vertige, cependant, aspire à la forme, de même que le chaos recèle des virtualités cosmiques. J'aimerais vivre au commencement du monde, dans le vortex démoniaque des turbulences primordiales. Que rien de ce qui, en moi, est velléité de forme ne se réalise ; que tout vibre d'un frémissement primitif, tel un éveil du néant.

Je ne peux vivre qu'au commencement ou à la fin du monde.

IRONIE ET AUTO-IRONIE

Lorsqu'on a tout nié dans la frénésie et qu'on a radicalement liquidé les formes d'existence, lorsqu'un excès de négativité a fini par tout balayer, à qui pourrait-on encore s'en prendre, sinon à soi-même ? De qui rire et qui plaindre ? Lorsque le monde entier s'est effondré sous vos yeux, vous vous effondrez vous-même irrémédiablement. L'infini de l'ironie annule tous les contenus de la vie. Non point l'ironie élégante, intelligente et subtile, issue d'un sentiment de supériorité, ou d'orgueil facile — cette ironie par laquelle certains manifestent ostensiblement leur distance vis-à-vis du monde — mais l'ironie tragique et amère du désespoir. Car la seule ironie digne de ce nom est celle qui remplace une larme ou un spasme, voire un ricanement grotesque et criminel. L'ironie de ceux qui ont souffert n'a rien de commun avec l'ironie facile des dilettantes. La première révèle une impuissance à participer naïvement à l'existence, due à une perte définitive des valeurs vitales ; mais les dilettantes ne souffrent pas de cette impossibilité, car ils ignorent le sentiment d'une telle perte. L'ironie reflète une crispation intérieure, un manque d'amour, une absence de communion et de compréhension humaines ; elle équivaut à un mépris déguisé. L'ironie dédaigne le geste naïf et spontané, car elle se place au-delà de l'innocence et de l'irrationnel. Elle contient néanmoins une forte dose de jalousie à l'égard des naïfs. Incapable de manifester son admiration pour la simplicité en raison de son orgueil démesuré, l'ironie méprise, envie et envenime. Aussi l'ironie amère et tragique de l'agonie me paraît-elle bien plus authentique qu'une ironie sceptique. Il est significatif que l'ironie envers soi-même ne présente que la forme tragique de l'ironie. On ne saurait y accéder par des sourires : seulement par des soupirs, fussent-ils entièrement étouffés. L'auto-ironie est, en effet, une expression du désespoir : ayant perdu ce monde, vous vous perdez vous-même. Un éclat de rire sinistre accompagne alors chacun de vos gestes ; sur les ruines des sourires doux et caressants de la naïveté, s'élève le sourire de l'agonie, plus crispé que celui des masques primitifs et plus solennel que celui des figures égyptiennes.

SUR LA MISÈRE

Convaincu que la misère est intimement liée à l'existence, je ne puis adhérer à aucune doctrine humanitaire. Elles me paraissent, dans leur totalité, également illusoires et chimériques. Le silence lui-même me semble un cri. Les animaux — dont chacun vit de ses propres efforts — ne connaissent pas la misère, car ils ignorent la hiérarchie et l'exploitation. Ce phénomène n'apparaît que chez l'homme, le seul qui ait assujetti son semblable ; seul l'homme est capable de tant de *mépris de soi*.

Toute la charité du monde ne fait qu'en souligner la misère, et la rend plus révoltante encore que l'absolue détresse. Devant la misère comme devant les ruines, nous déplorons une absence d'humanité, nous regrettons que les hommes ne changent pas radicalement ce qu'il est en leur pouvoir de changer. Ce sentiment se mêle à celui de l'éternité de la misère, de son caractère inéluctable. Tout en sachant que les hommes pourraient supprimer la misère, nous sommes conscients de sa permanence et finissons par éprouver une inhabituelle et amère inquiétude, un état d'âme trouble et paradoxal, où l'homme apparaît dans toute son inconsistance et sa petitesse. La misère objective de la vie sociale n'est, en effet, que le pâle reflet d'une misère intérieure. Rien qu'à y penser, je perds l'envie de vivre. Je devrais jeter ma plume pour me rendre dans quelque masure délabrée. Un désespoir mortel me prend lorsque j'évoque la terrible misère de l'homme, sa pourriture et sa gangrène. Au lieu d'élaborer des théories et de se passionner pour les idéologies, cet animal rationnel ferait mieux d'offrir jusqu'à sa chemise — geste de compréhension et de communion. La présence de la misère ici-bas compromet l'homme plus que tout, et fait comprendre que cet animal mégalomane est voué à une fin catastrophique. Devant la misère, j'ai honte même de l'existence de la musique. *L'injustice constitue l'essence de la vie sociale.* Comment adhérer, dès lors, à quelque doctrine que ce soit ?

La misère détruit tout dans la vie ; la rend infecte hideuse, spectrale. Il y a la pâleur aristocratique et la pâleur de la misère : la première vient du raffinement, la seconde d'une momification. Car la misère fait de vous un fantôme, elle crée des ombres de vie et des apparitions étranges, formes crépusculaires comme issues d'un incendie cosmique. Pas la moindre trace d'une purification dans ses convulsions ; seulement la haine, le dégoût et la chair aigrie. La misère n'enfante pas plus que la maladie une âme innocente et angélique, ni une humilité immaculée ; son humilité est venimeuse, mauvaise et vindicative, et le compromis auquel elle mène cache des plaies et des souffrances aiguës.

Je ne veux pas d'une révolte relative contre l'injustice. Je n'admets que la révolte éternelle, car éternelle est la misère de l'humanité.

LA DÉSERTION DU CHRIST

Je n'aime pas les prophètes, ni non plus les fanatiques qui n'ont jamais douté de leur mission ni de leur foi. Je mesure la valeur des prophètes à leur capacité de douter, à la fréquence de leurs moments de lucidité. Bien que seul le doute les rende réellement *humains*, il est, chez eux, plus troublant que chez les autres hommes. Le reste n'est qu'intransigeance, sermon, morale et pédagogie. Ils prétendent instruire les autres, leur apporter le salut, leur révéler la voie de la vérité et changer leur destin, comme si leurs certitudes valaient mieux que celles de leurs disciples. Le critère du doute permet seul de distinguer les prophètes des maniaques. Ne doutent-ils pas un peu tard, cependant ? Celui qui se savait fils de Dieu ne douta que dans les derniers instants : car le Christ n'a vraiment hésité qu'une fois, non sur la montagne, mais sur la croix. Je suis persuadé que Jésus alors a envié le destin du plus anonyme des hommes et que, s'il l'eût pu, il se fût retiré dans le coin le plus obscur de la terre, où plus personne n'aurait exigé de lui espoir ou rédemption. On peut imaginer que, demeuré seul avec les soldats romains, il les ait priés de lui enlever les clous et de le faire descendre, afin de pouvoir s'enfuir très loin, là où l'écho des souffrances humaines ne l'atteindrait plus. Non que le Christ eût tout à coup cessé de croire en sa mission — il tenait trop de l'illuminé pour être sceptique —, mais il est bien plus difficile de mourir *pour les autres* que pour soi seul. Jésus endura la crucifixion, conscient que seul le sacrifice de lui-même ferait triompher son message.

Ainsi vont les hommes : pour qu'ils croient en vous, il vous faut renoncer à tout ce qui vous appartient, puis à vous-même. Ils exigent votre mort comme garantie de l'authenticité de votre foi. Pourquoi admirent-ils les ouvrages écrits dans le sang ? Parce que cela leur épargne la souffrance, ou bien leur en donne l'illusion. Ils veulent trouver du sang et des larmes derrière vos dires. L'admiration de la foule est faite de sadisme.

Si Jésus n'était pas mort sur la croix, le christianisme n'aurait jamais triomphé. Les mortels doutent de tout — sauf de la mort. Celle du Christ constitua donc à leurs yeux la suprême certitude, la preuve maîtresse de la validité des principes chrétiens. Jésus aurait fort bien pu échapper à la crucifixion, ou succomber aux séduisantes tentations du diable. Qui ne pactise pas avec le diable n'a aucune raison de vivre, car le diable exprime symboliquement la vie mieux que Dieu lui-même. Si je regrette une chose, c'est que le diable m'ait si peu tenté... Mais Dieu non plus ne s'est pas particulièrement soucié de moi. Les chrétiens n'ont toujours pas compris que Dieu est plus loin des hommes qu'eux-mêmes ne le sont de lui. J'imagine parfaitement un Dieu exaspéré par la trivialité de sa Création, dégoûté de la terre comme des cieux. Et je le vois s'élancer vers le néant, tel Jésus quittant sa croix...

Que se serait-il donc passé si les soldats romains avaient donné suite à la supplique de Jésus, s'ils l'avaient dé-crucifié, et laissé partir ? Ce n'est certainement pas pour prêcher qu'il aurait gagné l'autre bout du monde, mais pour y mourir seul, loin des larmes et de la compassion des hommes. Même si, par hasard, Jésus n'a pas imploré des soldats sa libération, je ne puis penser que cette idée ne l'ait pas effleuré. Il se croyait assurément le fils de Dieu, mais cela ne l'empêcha pas, une fois confronté au sacrifice, de douter et de craindre la mort. Pendant la crucifixion, il dut connaître des moments où, s'il ne douta pas d'être le fils de Dieu, du moins le regretta-t-il.

Il est fort possible que le Christ ait été en réalité un personnage bien moins compliqué que nous ne l'imaginons, qu'il ait eu moins de doutes et moins de regrets. Car il n'en eut, quant à son ascendance divine, qu'au seuil de la mort. Nous avons, nous autres, tant de doutes et de regrets qu'aucun d'entre nous ne peut plus se croire le fils de Dieu. Je déteste en Jésus tout ce qui est sermon, morale, promesse et certitude. Ce que j'aime en lui, ce sont ses moments d'hésitation — les instants réellement tragiques de son existence, qui ne me semblent pourtant pas les plus importants ni les plus douloureux qu'on puisse imaginer. Car, si la souffrance devait servir de critère, combien n'auraient pas le droit de se considérer, mieux que lui, fils de Dieu ?

LE CULTE DE L'INFINI

Je ne peux parler de l'infini sans ressentir un double vertige, intérieur et extérieur — comme si, quittant une existence ordonnée, je m'élançais dans un tourbillon, me mouvant dans l'immensité à la vitesse de la pensée. Ce trajet tend vers un point éternel inaccessible. Plus celui-ci fuit vers un lointain insaisissable, plus le vertige paraît intense. Ses méandres, si étrangers à la légèreté de la grâce, dessinent des contours aussi compliqués que des flammes cosmiques. Tout n'est que secousse et trépidation ; le monde entier semble s'agiter à une folle cadence, comme à l'approche de l'apocalypse. Il n'est pas de sentiment profond de l'infini sans cette sensation étrange, vertigineuse, de l'imminence de la Fin. L'infini donne, paradoxalement, la sensation d'une fin accessible en même temps que la certitude de ne pouvoir s'en approcher. Car l'infini — dans l'espace comme dans le temps — ne mène à rien. Comment pourrions-nous accomplir quoi que ce soit dans le futur, alors que nous avons derrière nous une éternité d'inaccomplissement. Si le monde avait eu un sens, nous en aurions eu, à l'heure qu'il est, la révélation. Comment imaginer qu'il pourrait encore se manifester dorénavant ? Mais le monde n'en a pas ; irrationnel dans son essence, il est, de surcroît, infini. Le sens ne se conçoit, en effet, que dans un monde fini, où l'on puisse *arriver* à quelque chose ; un monde qui ne tolère pas la régression, un monde de repères sûrs et bien définis, un monde assimilable à une histoire convergente, tel que le veut la théorie du progrès. L'infini ne mène nulle part, car tout y est provisoire et caduc ; rien ne suffit au regard de l'illimité. Nul ne peut éprouver l'infini sans un trouble profond, unique. Comment ne serait-on pas troublé, en effet, dès lors que toutes les directions se valent ?

L'infini infirme toute tentative de résoudre le problème du sens. Cette impossibilité me procure une volupté démoniaque, et je me réjouis même de l'absence de sens. A quoi servirait-il, en définitive ? Ne pouvons-nous vraiment pas nous en passer ? Le non-sens ne se remplit-il pas de l'ivresse de l'irrationnel, d'une orgie ininterrompue ? Vivons donc, puisque le monde est dépourvu de sens ! Tant que nous n'avons aucun but précis, aucun idéal accessible, jetons-nous sans réserve dans le terrible vertige de l'infini, suivons ses méandres dans l'espace, consumons-nous dans ses flammes, aimons-le pour sa folie cosmique et sa totale anarchie. Celle-ci fait partie de l'expérience de l'infini — une anarchie organique et irrémédiable. On ne peut se représenter l'anarchie cosmique si l'on n'en porte pas en soi les germes. Vivre l'infinité, comme y réfléchir longuement, c'est recevoir la plus terrible des leçons de révolte. L'infini vous désorganise et vous tourmente, il ébranle les fondements de votre être, mais vous fait aussi négliger tout ce qui est insignifiant, contingent.

Quel soulagement que de pouvoir, ayant perdu tout espoir, se jeter dans l'infini, plonger de toutes ses forces dans l'illimité, participer à l'anarchie universelle et aux tensions de ce vertige ! Parcourir, emporté dans une course exténuante, toute la démence d'un mouvement ininterrompu, se consumer dans l'élan le plus dramatique, pensant moins à la mort qu'à sa propre folie, réaliser pleinement un rêve d'universelle barbarie et d'exaltation sans bornes !

Qu'au terme du vertige, notre chute n'ait rien d'une extinction progressive, mais que nous continuions cette frénétique agonie dans le chaos du maelström initial. Puisse le pathos de l'infini nous embraser une fois de plus dans la solitude de la mort, afin que notre passage vers le néant ressemble à une illumination, amplifiant encore le mystère et le non-sens de ce monde ! Dans l'étonnante complexité de l'infini, nous retrouvons, comme élément constitutif, la négation catégorique de la forme, d'un plan déterminé. Processus absolu, l'infini annule tout ce qui est consistant, cristallisé, achevé. L'art qui exprime le mieux l'infini n'est-il pas la musique, qui fond les formes en une fluidité au charme ineffable ? La forme tend sans cesse à achever le fragment et, en individualisant les contenus, à éliminer la perspective de l'infini et de l'universel ; les formes n'existent que pour soustraire les contenus de la vie au chaos et à l'anarchie. Toute vision profonde révèle à quel point leur consistance est illusoire au regard du vertige de l'illimité, car, par-delà les cristallisations éphémères, la réalité apparaît comme une intense pulsation. Le goût des formes résulte d'un abandon au fini et aux séductions inconsistantes de la limitation, qui éloignent à jamais des révélations métaphysiques. En effet, à l'instar de la musique, la métaphysique surgit de l'expérience de l'infini. L'une comme l'autre prospèrent sur les hauteurs et sont porteuses de vertiges. Je n'ai jamais pu comprendre que ceux qui ont créé des œuvres capitales dans ces deux domaines ne soient pas devenus fous. Plus que tous les arts, la musique exige une tension si grande qu'on devrait, après de tels moments, tomber dans l'égarement. Si le monde obéissait à une cohérence immanente et nécessaire, les grands compositeurs au sommet de leur art devraient se suicider, ou perdre la raison. Tous ceux que fascine l'infini ne se trouvent-ils pas sur le chemin du délire ? Nous n'avons que faire de la normalité ou de l'anormalité. Vivons dans l'extase de l'illimité, aimons tout ce qui ne connaît pas de bornes, détruisons les formes et créons le seul culte qui en soit exempt : celui de l'infini.

TRANSFIGURATION DE LA BANALITÉ

Puisque je ne m'éteins pas sur-le-champ et que je ne puis atteindre à la naïveté, c'est folie que de continuer à accomplir les gestes ordinaires de tous les jours. Il faut à chaque instant surmonter la banalité, afin d'accéder à la transfiguration, à l'expressivité absolue. Quelle tristesse de voir les hommes passer à côté d'eux-mêmes, négliger leurs destinées au lieu de raviver en permanence les lumières qu'ils portent en eux, ou de s'enivrer de profondeurs ténébreuses ! Pourquoi ne pas extraire de la douleur tout ce qu'elle peut offrir, ou cultiver un sourire jusqu'à la profondeur où il prend source ? Nous avons tous des mains, et personne ne pense, pourtant, à exploiter les siennes, à les rendre, au possible, expressives. Nous les admirons volontiers en peinture, nous aimons à parler de leur signification, mais nous ne savons même pas faire des nôtres les interprètes de nos drames intérieurs. Avoir la main fantomatique, transparente, tel un reflet immatériel, une main nerveuse, tendue dans la crispation ultime... Ou alors une main lourde, menaçante, terrible. Que la présence et l'aspect de ces mains disent plus qu'une parole, qu'une lamentation, qu'un sourire ou une prière. L'expressivité totale, fruit d'une transfiguration continuelle, fera de notre présence un foyer de lumière, si notre visage et, d'une manière générale, tout ce qui nous individualise y parviennent également. On rencontre des êtres dont la seule présence signifie pour autrui agitation, lassitude, ou bien illumination. Leur présence est féconde et décisive : fluide, insaisissable, il semble qu'elle vous capte dans un filet immatériel. Ceux-là ignorent le vide et la discontinuité ; ils ne connaissent que la communion et la participation que produit cette transfiguration permanente, dont les cimes sont autant de vertiges que de voluptés.

*

Je ressens une étrange anxiété, qui s'insinue dans tout mon corps ; est-ce la peur de l'avenir de mon existence problématique, ou le trouble où me plonge ma propre inquiétude ? Pourrai-je continuer à vivre avec de telles obsessions ? Ce que j'éprouve, est-ce la vie ou bien quelque rêve insensé ? Il semblerait que se tisse en moi la fantaisie grotesque d'un démon. Mon anxiété n'est-elle pas une fleur poussant au jardin d'une créature apocalyptique ? Le démonisme de ce monde paraît s'être concentré tout entier dans mon inquiétude — mélange de regrets, de visions crépusculaires, de tristesses et d'irréalités. Et ce n'est point une fragrance printanière qu'il me fait répandre sur l'univers, mais la fumée et la poussière d'un écroulement total.

PESANTEUR DE LA TRISTESSE

Y a-t-il d'autre tristesse que celle de la mort ? Certainement pas, puisque la vraie tristesse est noire, dépourvue de charme. Elle communique une lassitude incomparablement plus grande que celle de la mélancolie — une lassitude qui mène à un dégoût de la vie, à une dépression irrémédiable. La tristesse diffère de la douleur, car en elle prédomine la réflexion, quand l'autre subit la matérialité fatale

107

des sensations. La tristesse et la douleur peuvent mener jusqu'à la mort — jamais à l'amour ni à l'exaltation. Les valeurs de l'Éros font vivre sans médiation, dans l'immédiat et dans la nécessité secrète de la vie qui — vu la naïveté essentielle de toute expérience érotique — apparaît comme liberté. Être triste et souffrir, cela signifie, au contraire, être incapable d'un acte organiquement associé au flux de la vie. La tristesse et la souffrance nous révèlent l'existence, car en elles nous prenons conscience de notre isolement, elles provoquent en nous une angoisse où s'enracine le sentiment tragique de l'existence.

LA DÉGRADATION PAR LE TRAVAIL

Les hommes travaillent généralement trop pour pouvoir encore rester eux-mêmes. Le travail : une malédiction, que l'homme a transformée en volupté. Œuvrer de toutes ses forces pour le seul amour du travail, tirer de la joie d'un effort qui ne mène qu'à des accomplissements sans valeur, estimer qu'on ne peut se réaliser autrement que par le labeur incessant — voilà une chose révoltante et incompréhensible. Le travail permanent et soutenu abrutit, banalise et rend impersonnel. Le centre d'intérêt de l'individu se déplace de son milieu subjectif vers une fade objectivité; l'homme se désintéresse alors de son propre destin, de son évolution intérieure, pour s'attacher à n'importe quoi : l'œuvre véritable, qui devrait être une activité de permanente transfiguration, est devenue un moyen d'extériorisation qui lui fait quitter l'intime de son être. Il est significatif que le travail en soit venu à désigner une activité purement extérieure : aussi l'homme ne s'y réalise-t-il pas — il *réalise*. Que chacun doive exercer une activité et adopter un style de vie qui, dans la plupart des cas, ne lui convient pas, illustre cette tendance à l'abrutissement par le travail. L'homme voit dans l'ensemble des formes du travail un bénéfice considérable ; mais la frénésie du labeur témoigne, chez lui, d'un penchant au mal. Dans le travail, l'homme s'oublie lui-même ; cela ne débouche cependant pas sur une douce naïveté, mais sur un état voisin de l'imbécillité. Le travail a transformé le sujet humain en objet, et a fait de l'homme une bête qui a eu le tort de trahir ses origines. Au lieu de vivre pour lui-même — non dans le sens de l'égoïsme, mais vers l'épanouissement —, l'homme s'est fait l'esclave pitoyable et impuissant de la réalité extérieure. Où trouver l'extase, la vision et l'exaltation ? Où est-elle la folie suprême, la volupté authentique du mal ? La volupté négative qu'on retrouve dans le culte du travail tient plutôt à la misère et à la platitude, à une mesquinerie détestable. Pourquoi les hommes ne décideraient-ils pas brusquement d'en finir avec leur labeur pour entamer un nouveau travail, sans nulle ressemblance avec celui auquel ils se sont vainement consacrés jusqu'à présent ? N'est-ce pas assez que d'avoir la conscience subjective de l'éternité ? Si l'activité frénétique, le travail ininterrompu et la trépidation ont bien détruit quelque chose, ce ne peut être que le sens de l'éternité, dont le travail est la négation. Plus la poursuite des biens temporels, plus le labeur quotidien augmentent, plus l'éternité devient un bien éloigné, inaccessible. De là dérivent les perspectives si bornées des esprits trop entreprenants, la platitude de leur pensée et de leurs actes. Et, bien que je n'oppose au travail ni la contemplation passive ni la rêverie floue, mais une transfiguration hélas irréalisable, je préfère néanmoins une paresse compréhensive à une activité frénétique et intolérante. Pour éveiller le monde, il faut exalter la paresse. C'est que le paresseux a infiniment plus de sens métaphysique que l'agité.

*

Je me sens attiré par les lointains, par le grand vide que je projette sur le monde. Une sensation de creux monte en moi, traversant membres et organes comme un fluide impalpable et léger. Sans savoir pourquoi, je ressens, dans la progression incessante de ce vide, dans cette vacuité qui se dilate à l'infini, la présence mystérieuse des sentiments les plus contradictoires qui puissent jamais affecter une âme. Je suis heureux et malheureux à la fois, je subis simultanément l'exaltation et la dépression, je suis submergé par le désespoir et la volupté au sein de l'harmonie la plus déconcertante. Je suis si gai et si triste que mes larmes ont à la fois les reflets du ciel et ceux de l'enfer. Pour la joie de ma tristesse, j'aimerais que cette terre ne connaisse plus la mort.

LE SENS DE L'ULTIME

Je ne sais parler que de joies et de tristesses dernières. Je n'aime que ce qui se révèle sans réserve, sans compromis ni réticence. Or, trouve-t-on cela ailleurs que dans les tensions et les convulsions suprêmes, la folie de la fin, l'ivresse et l'excitation des derniers moments ? Tout n'est-il pas ultime ? Qu'est donc l'anxiété du néant sinon la joie perverse des dernières tristesses, l'amour exalté de l'éternité du vide et du provisoire de l'existence ?

Celle-ci serait-elle pour nous un exil, et le néant une patrie ?

Il me faut me combattre moi-même, me déchaîner contre mon destin, faire sauter tous les obstacles à ma transfiguration. Seul doit subsister mon désir extrême de ténèbres et de lumière. Que chacun de mes pas soit un triomphe ou un effondrement, une envolée ou un échec. Que la vie grandisse et meure en moi en une alternance foudroyante. Que rien du calcul mesquin ni de la vision rationnelle des existences ordinaires ne vienne compromettre les voluptés et les supplices de mon chaos, les tragiques délices de mes joies et désespoirs ultimes.

Survivre aux tensions organiques et aux états d'âme des confins, voilà un signe d'imbécillité, non point d'endurance. A quoi bon un retour à la platitude de l'existence ? Ce n'est pas seulement après l'expérience du néant que la survie m'apparaît comme un non-sens, mais aussi bien après le paroxysme de la volupté. Je ne comprendrai jamais pourquoi nul ne se suicide en plein orgasme, pourquoi la survie ne semble pas plate et vulgaire. Ce frisson tellement intense, mais si bref, devrait consumer notre être en une fraction de seconde. Or, puisque lui ne nous tue pas, pourquoi ne pas nous tuer nous-mêmes ? Il est tant de façons de mourir... Nul n'a, pourtant, assez de courage ou d'originalité pour choisir une telle fin qui, sans être moins radicale que les autres, aurait l'avantage de nous précipiter dans le néant en pleine jouissance. Pourquoi passer à côté de telles voies ? Il suffirait d'une étincelle d'effroyable lucidité au sommet de l'inévitable évanouissement pour que, la mort, à ces moments-là, n'apparaisse plus comme une illusion.

Si les hommes en viennent un jour à ne plus supporter la monotonie, la vulgarité de l'existence, alors toute expérience extrême deviendra un motif de suicide. L'impossibilité de survivre à une exaltation exceptionnelle anéantira l'existence. Personne ne s'étonnera plus alors qu'on puisse s'interroger sur l'opportunité de continuer ou non à vivre après avoir écouté certaines symphonies ou contemplé un paysage unique.

La tragédie de l'homme, animal exilé dans l'existence, tient à ce qu'il ne peut se satisfaire des données et des valeurs de la vie. Pour l'animal, la vie est tout ; pour l'homme, elle est un point d'interrogation. Point d'interrogation définitif, car l'homme n'a jamais reçu ni ne recevra jamais de réponse à ses questions. Non seulement la vie n'a aucun sens, mais elle *ne peut pas* en avoir un.

LE PRINCIPE SATANIQUE
DE LA SOUFFRANCE

S'il y a des heureux sur cette terre, que ne hurlent-ils pas, que ne descendent-ils dans la rue pour proclamer leur joie ? Pourquoi tant de discrétion, tant de réserve ? Si je ressentais en moi une joie permanente, une irrésistible propension à la sérénité, j'en ferais part à tous les hommes, je donnerais libre cours à mon euphorie.

Si le bonheur existe, on doit le communiquer. Mais peut-être les individus réellement heureux n'ont-ils pas conscience de leur bonheur. S'il en est ainsi, nous pourrions leur offrir une part de notre conscience, en échange d'une part de leur inconscience. Pourquoi la douleur n'a-t-elle que larmes et cris, et le plaisir que frissons ? Si l'homme prenait autant conscience du plaisir que de la douleur, il n'aurait pas à racheter ses joies. La répartition des douleurs et des plaisirs ne serait-elle pas incomparablement plus équitable ?

Si les douleurs ne s'oublient pas, c'est qu'elles envahissent démesurément la conscience. Ainsi, ceux qui ont beaucoup à oublier ne sont autres que ceux qui ont beaucoup souffert. Seuls les gens normaux n'ont rien à oublier.

Tandis que les douleurs ont un poids et une individualité, les plaisirs s'effacent et fondent comme des formes aux contours mal définis. Il nous est, en effet, extrêmement difficile d'évoquer un plaisir et ses circonstances, alors que le souvenir de ces dernières vient renforcer celui de la douleur. Les plaisirs ne s'oublient certes pas intégralement — d'une vie de plaisirs, on ne gardera, dans ses vieux jours, qu'un léger désabusement, tandis que celui qui a beaucoup souffert parviendra, au mieux, à une résignation amère.

C'est un préjugé honteux que d'affirmer que les plaisirs sont égoïstes et coupent l'homme de la vie, tout comme de prétendre que les douleurs nous rattachent au monde. La frivolité de ces préjugés révolte, et leur origine livresque révèle la nullité de toutes les bibliothèques au regard d'une expérience vécue jusqu'au bout.

La conception chrétienne qui fait de la souffrance un chemin vers l'amour, sinon sa principale porte d'accès, est fondamentalement erronée. Mais est-ce là le seul domaine où le christianisme se trompe ? A faire de la souffrance le chemin de l'amour, on ignore tout de son essence satanique. Les marches de la souffrance ne montent pas — elles descendent ; elles ne conduisent pas au ciel, mais en enfer.

La souffrance sépare, dissocie ; force centrifuge, elle vous détache du noyau de la vie, du centre d'attraction du monde, où toutes choses tendent à l'unité. Le principe divin se caractérise par un effort de synthèse et de participation à l'essence du tout.

A l'opposé, un principe satanique habite la souffrance — principe de dislocation et de tragique dualité.

Les diverses formes de la joie vous font participer naïvement au rythme de la vie ; vous y entrez, inconsciemment, en contact avec le dynamisme de l'existence, chacune de vos fibres reliée aux pulsations irrationnelles du Tout. Cela vaut non seulement pour la joie spirituelle, mais pour toutes les formes de plaisir.

La séparation d'avec le monde que produit la souffrance mène à une intériorisation excessive et, paradoxalement, relève le degré de conscience, si bien que le monde entier, avec ses splendeurs et ses ténèbres, devient extérieur et transcendant. A ce point de séparation, lorsque, irrémédiablement seul, on a le monde en face de soi, comment pourrait-on oublier quoi que ce soit ? On ressent alors le besoin d'oublier seulement les expériences qui ont fait souffrir. Or, par un paradoxe des plus impitoyables, les souvenirs de ceux qui voudraient se rappeler s'effacent, tandis que se fixent les réminiscences de ceux qui aimeraient tout oublier.

Les hommes se divisent en deux catégories : ceux à qui le monde offre des occasions d'intériorisation et ceux pour qui il demeure extérieur et objectif. Pour l'intériorisation, l'existence objective n'est qu'un *prétexte*. Ainsi seulement elle peut prendre une signification, car une téléologie objective ne se fonde et ne se justifie qu'au moyen de certaines illusions, lesquelles ont pour défaut qu'un regard pénétrant les démasque aisément. Tous les hommes voient des feux, des tempêtes, des éboulements ou des paysages ; mais combien y voient des flammes, des éclairs, des vertiges ou des harmonies ? Combien pensent à la grâce et à la mort en regardant un incendie ? Combien portent en eux une beauté lointaine qui teinte leur mélancolie ? Pour les indifférents, à qui la nature n'offre qu'une image fade et glaciale, la vie est, même si elle les comble, une somme d'occasions perdues.

Si profonds qu'aient été mes tourments, si grande qu'ait été ma solitude, la distance qui m'a séparé du monde n'a fait que me le rendre plus accessible. Bien que je ne puisse lui trouver ni sens objectif, ni finalité transcendante, la multiplicité des formes de l'existence n'en a pas moins constitué pour moi une occasion permanente de tristesse et d'enchantement. J'ai connu des moments où la beauté d'une fleur a justifié à mes yeux l'idée d'une finalité universelle, comme le moindre nuage a su flatter ma vision sombre des choses. Les forcenés de l'intériorisation sont capables de puiser, dans l'aspect le plus insignifiant de la nature, une révélation symbolique.

Est-il possible que je traîne après moi tout ce que j'ai jamais vu ? Je suis effrayé à la pensée que tant de paysages, de livres, d'horreurs et de visions sublimes aient pu se concentrer en un pauvre cerveau. J'ai l'impression qu'ils se sont transposés en moi comme des *réalités* et qu'ils pèsent sur moi. Voilà peut-être pourquoi je me sens parfois accablé jusqu'à vouloir tout oublier. L'intériorisation mène à l'effondrement, car le monde pénètre en vous et vous broie avec une force irrésistible. Quoi d'étonnant, dès lors, si certains recourent à n'importe quoi — de la vulgarité à l'art — à seule fin d'oublier ?

*

Je n'ai pas d'idées — mais des obsessions. Des idées, n'importe qui peut en avoir. Jamais les idées n'ont provoqué l'effondrement de qui que ce soit.

L'ANIMAL INDIRECT

Tous les hommes ont le même défaut : ils attendent de vivre, car ils n'ont pas le courage de chaque seconde. Pourquoi ne pas déployer à chaque instant assez de passion et d'ardeur pour en faire une éternité ? Tous, nous n'apprenons à vivre qu'au moment où nous n'avons plus rien à attendre ; tant que nous attendons, nous ne pouvons rien apprendre, car nous n'habitons pas un présent concret et vivant, mais un avenir lointain et insipide. Nous ne devrions rien attendre, sauf les suggestions immédiates de l'instant, rien attendre *sans la conscience du temps*. Hors l'immédiat, point de salut. Car l'homme est une créature qui a perdu l'immédiat. Aussi est-il un animal indirect.

L'IMPOSSIBLE VÉRITÉ

Quand notre bonheur peut-il commencer ? Lorsque nous aurons acquis la certitude que la vérité ne peut exister. Toutes les modalités de salut sont possibles à partir de là, même le salut par le rien. A celui qui ne croit pas à l'impossibilité de la vérité, ou qui ne s'en réjouit, il ne reste qu'une voie de salut, qu'il ne trouvera, d'ailleurs, jamais.

SUBJECTIVISME

L'excès de subjectivisme ne peut mener ceux qui n'ont pas la foi qu'à la mégalomanie ou à l'autodénigrement. Lorsqu'on se penche trop sur soi, on en vient forcément à s'aimer ou à se haïr démesurément. Dans l'un ou l'autre cas, on s'épuise avant son temps. Le subjectivisme vous rend Dieu ou Satan.

HOMO...

L'homme devrait cesser d'être — ou de devenir — un animal doué de raison. Il ferait mieux de devenir un être insensé qui risquerait tout à chaque instant — un être capable d'exaltations et de fantasmes dangereux, qui pourrait mourir de tout ce qu'offre la vie comme de tout ce qu'elle n'offre pas. Chaque homme devrait avoir pour idéal de cesser d'être homme. Et cela ne peut se faire que par le triomphe de l'*arbitraire absolu*.

L'AMOUR EN BREF

L'amour de l'humanité né de la souffrance ressemble à la sagesse issue du malheur. Dans les deux cas, les racines sont pourries et la source contaminée. Seul un amour spontané des hommes procédant d'une abnégation sincère et d'un élan irrésistible peut féconder l'âme des autres. L'amour issu de la souffrance recèle trop de larmes et de soupirs pour que ses rayons ne soient pas baignés de clarté amère. Il contient trop de renoncement, trop de tourment et d'inquiétude pour signifier autre chose qu'une immense reculade. Il pardonne tout, admet tout, justifie tout ; est-ce encore de l'amour ?

Comment aimerait-on lorsqu'on s'est détaché de tout ? Cette sorte d'amour révèle le vide d'une âme prise entre le rien et le tout, de même que, pour un cœur brisé, le donjuanisme demeure le seul recours. Quant au christianisme, il ignore l'amour : il ne connaît que l'indulgence, qui est plus une allusion à l'amour que l'amour même.

QU'IMPORTE !

Tout est possible, et rien ne l'est ; tout est permis, et rien. Quelle que soit la direction choisie, elle ne vaudra pas mieux que les autres. Réalisez quelque chose ou rien du tout, croyez ou non, c'est tout un, comme il revient au même de crier ou de se taire. On peut trouver une justification à tout, comme aussi bien aucune. Tout est à la fois réel et irréel, logique et absurde, glorieux et plat. Rien ne vaut mieux que rien, de même qu'aucune idée n'est meilleure qu'une autre. Pourquoi s'attrister de sa tristesse et se réjouir de sa joie ? Qu'importe que nos larmes soient de plaisir ou de douleur ? Aimez votre malheur et détestez votre bonheur, mélangez tout, confondez tout ! Soyez comme un flocon ballotté par le vent, ou comme une fleur portée par les vagues. Résistez quand il ne faut pas et soyez lâche quand il faut résister. Qui sait — vous y gagnerez peut-être. Et, de toute façon, qu'importe si vous y perdez ? Y a-t-il quelque chose à gagner ou à perdre en ce monde ? Tout gain est une perte, comme toute perte un gain. Pourquoi attendre toujours une attitude nette, des idées précises et des paroles sensées ? Je sens que je devrais cracher du feu en guise de réponse à toutes les questions qui m'ont — ou qui ne m'ont — jamais été posées.

LES SOURCES DU MAL

Comment combattre le malheur ? En nous combattant nous-mêmes : en comprenant que la source du malheur se trouve en nous. Si nous pouvions nous rendre compte à chaque instant que tout est fonction d'une image reflétée dans notre conscience, d'amplifications subjectives et de l'acuité de notre sensibilité, nous parviendrions à cet état de lucidité où la réalité reprend ses vraies proportions. L'on ne prétend pas ici au bonheur, mais à un degré moindre de malheur.

C'est un signe d'endurance que de demeurer dans le désespoir, comme c'en est un de déficience que de glisser vers l'imbécillité après un malheur prolongé. Il faut pour diminuer l'intensité du malheur une véritable éducation et un effort intérieur soutenu. Cependant ils sont voués à l'échec si l'on cherche à atteindre le bonheur. Quoi qu'on fasse, on ne peut devenir heureux si l'on a pris la voie du malheur. On peut passer du bonheur au malheur, mais c'est un chemin de non-retour. Cela revient à dire que le bonheur peut réserver des surprises plus douloureuses que celles du malheur. Il nous fait trouver parfait le monde tel qu'il se présente ; le malheur, lui, nous fait désirer qu'il soit avant tout différent de ce qu'il est. Et, bien que nous ayons conscience que le malheur trouve en nous son origine, nous transformons fatalement un défaut subjectif en déficience métaphysique.

Jamais le malheur ne sera suffisamment généreux pour reconnaître ses propres ténèbres et les improbables lumières du monde. En prenant notre misère subjective pour un mal objectif, nous croyons pouvoir alléger notre fardeau et nous dispenser des reproches que nous devrions nous adresser. En réalité, cette objectivation accentue notre malheur, et, en le présentant comme une fatalité cosmique, nous interdit tout pouvoir de le diminuer ou de le rendre plus supportable.

La discipline du malheur réduit les inquiétudes et les surprises douloureuses, atténue le supplice et contrôle la souffrance. Il y a là un déguisement du drame intérieur, une discrétion de l'agonie.

PRESTIDIGITATIONS DE LA BEAUTÉ

La sensibilité à la beauté est d'autant plus vive qu'on approche du bonheur. Toute chose trouve dans le beau sa propre raison d'être, son équilibre interne et sa justification. Un bel objet ne se conçoit que tel quel. Un tableau ou un paysage nous enchanteront au point que nous ne pourrons pas, en les contemplant, nous les représenter autrement que dans l'état où ils nous apparaissent. Placer le monde sous le signe de la beauté revient à affirmer qu'il est tel qu'il devrait être. Dans une telle vision, tout n'est que splendeur et harmonie, et les aspects négatifs de l'existence ne font qu'en accentuer le charme et l'éclat. La beauté ne sauvera pas le monde, mais elle peut nous rapprocher du bonheur. Dans un monde d'antinomies, peut-elle être épargnée ? Le beau — et c'est là son attrait et sa nature particulière — ne constitue un *paradoxe* que d'un point de vue objectif. Le phénomène esthétique exprime ce prodige : représenter *l'absolu par la forme*, objectiver l'infini sous des figures finies. L'absolu-dans-la-forme — incarné dans une expression finie — ne peut apparaître qu'à celui qu'envahit l'émotion esthétique ; mais dans toute autre perspective que celle du beau, il devient une *contradic-tio in adjecto*. Tout idéal de beauté comporte ainsi une quantité d'illusion impossible à évaluer. Plus grave encore : le postulat fondamental de cet idéal, suivant lequel ce monde est tel qu'il devrait être, ne résiste pas à la plus élémentaire des analyses. Le monde aurait dû être n'importe quoi, sauf ce qu'il est.

INCONSISTANCE DE L'HOMME

Pourquoi les hommes tiennent-ils absolument à réaliser quelque chose ? Ne seraient-ils pas incomparablement mieux, immobiles sous le ciel, dans un calme serein ? Qu'y a-t-il donc à accomplir ? Pourquoi tant d'efforts et d'ambition ? L'homme a perdu le sens du silence. Bien que la *conscience* soit le fruit d'une déficience vitale, elle n'opère pas en chaque individu comme facteur d'inadaptation ; chez certains, elle engendre au contraire une exacerbation des penchants vitaux. Ne pouvant plus vivre dans le présent, l'homme accumule un excédent qui lui pèse et l'asservit ; le sentiment de l'avenir a été pour lui une calamité. Le processus suivant lequel la conscience a divisé les hommes en deux grandes catégories est des plus étranges. Il explique pourquoi l'homme est un être si peu consistant, incapable de trouver son centre d'énergie et d'équilibre. Ceux que leur conscience a portés vers l'intériorisation, le supplice et la tragédie, aussi bien que ceux qu'elle a lancés dans l'impérialisme illimité du désir d'acquérir et de posséder sont, chacun à sa manière, malheureux et déséquilibrés. *La conscience a fait de l'animal un homme et de l'homme un démon, mais elle n'a encore transformé personne en Dieu*, même si le monde se vante d'en avoir expédié un sur une croix.

Fuyez les individus imperméables au vice, car leur présence insipide ne peut qu'ennuyer. De quoi vous entretiendront-ils, sinon de morale ? Or qui n'a pas dépassé la morale n'a su approfondir aucune expérience, ni transfigurer ses effondrements. L'existence véritable commence là où s'arrête la morale, car à partir de là seulement elle peut tout tenter, et tout risquer, même si des obstacles s'opposent aux accomplissements réels. Il faut d'infinies transfigurations pour atteindre la région où tout est permis, où l'âme peut se jeter sans remords dans la vulgarité, le sublime ou le grotesque, jusqu'à une complexité telle qu'aucune direction ni aucune forme de vie n'échappent à sa portée. La tyrannie qui règne sur les existences ordinaires laisse place à la spontanéité absolue d'une existence unique qui porte en soi sa propre loi. Comment la morale vaudrait-elle encore pour un être ainsi fait — le plus généreux qui soit, car absurde au point de renoncer au monde, offrant par là tout ce qu'il possède en soi ? La générosité est incompatible avec la morale, cette rationalité des habitudes de la conscience, cette mécanisation de la vie. Tout acte généreux est insensé, témoignant d'un renoncement impensable chez l'individu ordinaire, qui se drape dans la morale pour cacher sa vulgaire nullité. Tout ce qui est réellement moral commence après que la morale a été évacuée. La mesquinerie de ses normes rationnelles ne se montre nulle part avec plus d'évidence que dans la condamnation du vice — cette expression du tragique charnel issu de la présence de l'esprit dans la chair. Car le vice implique toujours une envolée de la chair hors de sa fatalité, une tentative de rompre les barrières qui emprisonnent les élans passionnels. Un ennui organique porte alors les nerfs et la chair à un désespoir dont ils ne peuvent réchapper qu'en essayant toutes les formes possibles de la volupté. Dans le vice, l'attrait des formes autres que normales produit une inquiétude troublante : l'esprit semble alors se transformer en sang, pour se mouvoir telle une force immanente à la chair. L'exploration du possible ne peut se faire, en effet, sans le concours de l'esprit ni l'intervention de la conscience. Le vice est une forme de triomphe de l'individuel ; or comment la chair pourrait-elle représenter l'individuel sans un appui extérieur ? Ce mélange de chair et d'esprit, de conscience et de sang, crée une effervescence extrêmement féconde pour l'individu prisonnier des charmes du vice. Rien ne répugne plus que le vice appris, emprunté et affecté ; aussi l'éloge du vice est-il complètement injustifié : tout au plus peut-on en constater la fécondité pour ceux qui savent le transfigurer, faire dévier cette déviation. A le vivre de façon brute et vulgaire, on n'exploite que sa scandaleuse matérialité, on néglige le frisson immatériel qui fait son excellence. Pour atteindre certaines hauteurs, la vie intime ne peut se dispenser des inquiétudes du vice. Et nul vicieux n'est à condamner lorsque, au lieu de considérer le vice comme un prétexte, il le transforme en finalité.

CAPITULATION

Le processus par lequel on devient désabusé ? Un grand nombre de dépressions chez un individu doué d'un élan suffisent pour être vivant à chaque instant. Une fatalité organique provoque des dépressions permanentes sans déterminants extérieurs, mais qui émergent d'un profond trouble interne : celles-ci étouffent l'élan, attaquent les racines de la vie. Il est totalement erroné de prétendre qu'on devient désabusé en raison de quelque déficience organique ou d'instincts appauvris. En réalité, nul ne perd ses illusions s'il n'a désiré la vie avec ardeur, ne fût-ce qu'inconsciemment. Le processus de dévitalisation ne survient que plus tard, à la suite des dépressions. C'est seulement chez un individu plein d'élan, d'aspirations et de passions, que les dépressions atteignent cette capacité d'érosion, qui entame la vie comme les vagues la terre ferme. Chez le simple déficient, elles ne produisent aucune tension, aucun paroxysme ni excès ; elles débouchent sur un état d'apathie, d'extinction lente. Le pessimiste présente un paradoxe organique, dont les contradictions insurmontables engendrent une profonde effervescence. N'y a-t-il pas en effet un paradoxe dans ce mélange de dépressions répétées et d'élan persistant ? Que les dépressions finissent par consumer l'élan et compromettre la vitalité, cela va de soi. On ne saurait les combattre définitivement : on peut tout au plus les négliger temporairement pour une occupation soutenue, ou des distractions. Seule une vitalité inquiète est susceptible de favoriser le paradoxe organique de la négation. On ne devient pessimiste — un pessimiste démoniaque, élémentaire, bestial et organique — qu'une fois que la vie a perdu sa bataille désespérée contre les dépressions. La destinée apparaît alors à la conscience comme une version de l'irréparable.

FACE AU SILENCE

En arriver à ne plus apprécier que le silence, c'est réaliser l'expression essentielle du fait de vivre en marge de la vie. Chez les grands solitaires et les fondateurs de religions, l'éloge du silence a des racines bien plus profondes qu'on ne l'imagine. Il faut pour cela que la présence des hommes vous ait exaspéré, que la complexité des problèmes vous ait dégoûté au point que vous ne vous intéressiez plus qu'au silence et à ses cris.

La lassitude porte à un amour illimité du silence, car elle prive les mots de leur signification pour en faire des sonorités vides ; les concepts se diluent, la puissance des expressions s'atténue, toute parole dite ou entendue repousse, stérile. Tout ce qui part vers l'extérieur, ou qui en vient, reste un murmure monocorde et lointain, incapable d'éveiller l'intérêt ou la curiosité. Il vous semble alors inutile de donner votre avis, de prendre position ou d'impressionner quiconque ; les bruits auxquels vous avez renoncé s'ajoutent au tourment de votre âme. Au moment de la solution suprême, après avoir déployé une énergie folle à résoudre tous les problèmes, et affronté le vertige des cimes, vous trouvez dans le silence la seule réalité, l'unique forme d'expression.

L'ART DU DÉDOUBLEMENT

L'art d'être psychologue ne s'apprend pas — il se vit et s'éprouve, car on ne trouvera aucune théorie qui fournisse la clé des mystères psychiques. Nul n'est fin psychologue s'il n'est lui-même un objet d'étude, si sa substance psychique n'offre constamment un spectacle inédit et complexe propre à susciter la curiosité. On ne peut pénétrer le mystère d'autrui si l'on en est soi-même dépourvu. Pour être psychologue, il faut connaître suffisamment le malheur pour comprendre le bonheur, et avoir assez de raffinement pour pouvoir devenir barbare ; il y faut un désespoir assez profond pour ne plus distinguer si l'on vit au désert ou dans les flammes. Protéiforme, centripète autant que centrifuge, votre extase devra être esthétique, sexuelle, religieuse et perverse.

Le sens psychologique est l'expression d'une vie qui se contemple elle-même à chaque instant et qui, dans les autres vies, voit autant de miroirs ; en tant que psychologue, on considère les autres hommes comme des fragments de son être propre. Le mépris que tout psychologue ressent pour autrui enveloppe une auto-ironie aussi secrète qu'illimitée. Personne ne fait de psychologie par amour : mais plutôt par une envie sadique d'exhiber la nullité de l'autre, en prenant connaissance de son fond intime, en le dépouillant de son auréole de mystère. Ce processus épuisant rapidement les contenus limités des individus, le psychologue aura vite fait de se lasser des hommes : il manque trop de naïveté pour avoir des amis, et d'inconscience pour prendre des maîtresses. Aucun psychologue ne commence par le scepticisme, mais tous y aboutissent. Cette fin constitue le châtiment de la nature pour le profanateur de mystères, pour le suprême indiscret qui, ayant fondé trop peu d'illusions sur la connaissance, aura connu la désillusion.

La connaissance à petite dose enchante ; à forte dose, elle déçoit. Plus on en sait, moins on veut en savoir. Car celui qui n'a pas souffert de la connaissance n'aura rien connu.

LE NON-SENS DU DEVENIR

Dans la tranquillité de la contemplation, lorsque pèse sur vous le poids de l'éternité, lorsque vous entendez le tic-tac d'une horloge ou le battement des secondes, comment ne pas ressentir l'inanité de la progression dans le temps et le non-sens du devenir ? A quoi bon aller plus loin, à quoi bon continuer ? La révélation subite du temps, lui conférant une écrasante prééminence qu'il n'a pas d'ordinaire, est le fruit d'un dégoût de la vie et de l'incapacité à poursuivre la même comédie. Lorsque cette révélation se produit la nuit, l'absurdité des heures qui passent se double d'une sensation de solitude anéantissante, car — à l'écart du monde et des hommes — vous vous retrouvez seul face au temps, dans un irréductible rapport de dualité. Au sein de l'abandon nocturne, le temps n'est plus en effet meublé d'actes ni d'objets : il évoque un néant croissant, un vide en pleine dilatation, semblable à une menace de l'au-delà. Dans le silence de la contemplation résonne alors un son lugubre et insistant, comme un gong dans un univers défunt. Ce drame, seul le vit celui qui a dissocié existence et temps : fuyant la première, le voici écrasé par le second. Et il ressent l'avance du temps comme l'avance de la mort.

Table

Composition réalisée par C.M.L., Montrouge

IMPRIMÉ EN FRANCE PAR BRODARD ET TAUPIN
Usine de La Flèche (Sarthe).
LIBRAIRIE GÉNÉRALE FRANÇAISE - 6, rue Pierre-Sarrazin - 75006 Paris.
ISBN : 2 - 253 - 05781 - 9   ◈ 42/4139/4